县域职业高中困境的历史分析

马学军 著

A Historical Analysis of the
Dilemma of County Vocational
High School

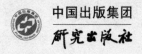

中国出版集团
研究出版社

图书在版编目 (CIP) 数据

县域职业高中困境的历史分析 / 马学军著 . -- 北京：
研究出版社 , 2021.10

ISBN 978-7-5199-1073-0

Ⅰ . ①县… Ⅱ . ①马… Ⅲ . ①职业高中 – 研究 – 中国
Ⅳ . ① G719.2

中国版本图书馆 CIP 数据核字 (2021) 第 196428 号

出 品 人：赵卜慧
责任编辑：刘春雨
助理编辑：何雨格

县域职业高中困境的历史分析
XIANYU ZHIYE GAOZHONG KUNJING DE LISHI FENXI

马学军　著

研究出版社 出版发行
（100011　北京市朝阳区安华里 504 号 A 座）

北京中科印刷有限公司印刷　新华书店经销

2021 年 10 月第 1 版　2021 年 10 月北京第 1 次印刷
开本：710 毫米 ×1000 毫米　1/16　印张：11.75
字数：152 千字

ISBN 978-7-5199-1073-0　定价：49.00 元

邮购地址 100011　北京市朝阳区安华里 504 号 A 座
电话（010）64217619　64217612（发行中心）

目　录

第一章

导　论

一、引言

2008 年 8 月底，结束了在上海五天的培训，我们支教团几名队员，乘火车一同前往 H 县①，即将开始为期一年的支教生活。H 县位于我国中部，是一个以林业为主的山区县。来之前，我们已得知，我们几名队员都被分在当地的 H 县职业高中工作，往届支教的队员也介绍过，职高的学生学习基础较差，对学生的成绩不能抱有太高的期望。

此前，我并不了解职业高中这种学校类型，也未接触过职业高中的教师和学生，只是从一般意义上认为既然称为"职业高中"，当然应以"职业"方面的学习和培训为主，分数和成绩也并不是最重要的。作为一名刚毕业的大学生，对于即将开始的新生活，我心里既充满了期待，同时也充满了忐忑：如果不期望学生的成绩提升，也无任何职业技能教给学生，那么该如何做一名合格的职高教师？如何做好自己的教育教学工作呢？

第二天上午，我们到达 H 县，在住处放好行李后，就去学校参观并与学校领导见面。一起迎接我们的，除了学校的领导，还有县团委、县司法局和县教育局的领导。一位司法局的领导握着我们的手说："感谢你们为平安 H 县做出贡献，多影响一个学生就少一个青少年犯罪，多一所职高就少一所监狱。"起初，这句话并未引起我的注意和思考，我以为这位司法局的领导只是因为工作关系，接触太多社会上的青少年犯罪案例，关心青少年的教育问题才说的；想着这位领导是希望我们能多教育、多影响学校

---

① 出于研究规范，本书所涉及的地名、人名和企业名称均做了匿名化处理。

里的个别青少年，让他们懂得遵纪守法，不要走上违法犯罪的道路。

可是，当正式开学后，再一次听到把职高学校与监狱相提并论的说法时，我开始意识到，这样的说法背后不仅仅是一个青少年的法制教育问题。那是开学不久，我向学校的一位老教师请教教学经验，中间说起了学校的管理，这位老师说："说白了，这就是个监狱，学生困在里面，老师也困在里面，主要是安全问题。"这样的说法，不是来自校外人员，而是校内一位老教师，着实令我惊讶和不解。这位老教师的说法，更是把这所职高学校比喻为"监狱"，这就不是指青少年的法制教育问题，而是指一个正规学校机构的管理模式。这样的话，不仅是学校个别的青少年，也包括其他学生以及所有教师，都是处在这样的管理模式之中。

把学校比为监狱，若从学科知识的角度看，作为社会学专业毕业的，我对此并不感到陌生。福柯在经典的《规训与惩罚：监狱的诞生》一书中，认为现代社会诞生了一种被称为"纪律"（discipline）的权力技术，其最先在监狱中实行，又逐渐扩展到现代的工厂、学校和军营之中，此后弥散在现代社会的各个部分，渗透到社会的每个毛细血管之中。[1]然而，在现实中，当听到校内校外的人员都把这所职高学校与"监狱"相提并论时，我还是非常困惑不已的。他们这样的看法，并不是从学理的角度提出的，而是在长期的工作经历中形成的。那么，这所职高的教学管理究竟是怎样的？在什么意义上会被校内外的人员认为是一所"监狱"呢？

随着参与工作越深，和学校师生相处越久，我就越发感觉将这所职高学校比喻为"监狱"，确实反映了学校管理方式的某些特点。学校对外宣传的工作思路就是"安全第一、德育为首、教学中心、严格管理、优质服务、争创一流"，安全管理是排在第一位的。"安全第一、纪律第二、卫生第三、学习第四"是学校教师心中的共识。学校坚持"安全第一"的原

---

[1]　［法］米歇尔·福柯：《规训与惩罚：监狱的诞生》，刘北成、杨远婴译，生活·读书·新知三联书店 2007 年版。

则，对教师和学生设置了一套细密的管理制度，深入校园和班级管理的每个细节。班主任要有"勤跟苦守"的精神，须从早到晚紧跟着学生，紧紧看护每一个学生，随时随地防止任何意外事故的发生，及时制止任何出事的"苗头"。

这样看来，这所职业高中，既不是完全的普通高中，也不是完全的技术学校，既不以考试升学为重心，也不以职业培训为重心，而是以"安全管理"为重心。究竟什么样的因素造就了这样悖论的事实？我们是否可以完全用福柯的"纪律"理论来解释这套管理模式的形成和运作呢？

二、职业高中：一种处于双重边缘的学校类型

若要理解这所职业高中的悖论，我们就要了解"职业高中"这种学校类型的设置和特点，而要了解"职业高中"这种学校类型，就需要进一步了解改革开放以来我国中等职业教育的发展历史。从很大程度而言，这所职业高中的悖论，并不是一种孤立的现象，而是折射了近些年来我国职业教育特别是中等职业教育的发展困境，也凸显了近些年我国乡村社会发展出现的问题。

改革开放以来，我国经济快速发展，既需要高等教育培养出来的少数高等技术人才和管理人才，也需要职业教育培养出来的大量中初级技术人才和高素质劳动力。尽管国家一直大力推行职业教育，企业对职业技能的要求也日趋增加，但直到现在我国现代的职业教育体系尚未建立、办学机制不够健全，培养质量不高，吸引力还不强。[①] 整个社会对职业教育的歧视比较严重，对职业院校的认可程度不高；办学条件欠佳、资金投入低、专业师资缺乏、培养能力不足、学生就业信心不足，是职业学校普遍存在

---

① 朱永新：《中国教育改革大系·职业教育卷》，湖北教育出版社 2016 年版，第 93—95 页。

的问题。① 在我国的教育观念和教育类型中，职业教育的"次等"或"末流"身份未得到根本改变，仍然处于较为严重的地位边缘化、功能边缘化、对象边缘化和经费边缘化的状态。②

（一）处于职业教育边缘的"职业高中"

我国的职业教育，目前由初等、中等、高等职业教育三部分构成。初等职业教育中很大一部分在义务教育的初中阶段完成，而高等职业教育在普通高等教育的扩张下不断减少，初等和高等职业教育所占份额极少，中等职业教育可以说是当前职业教育的主体。如在全国职业学校数量中，2000 年高等学校占 1.88%，初等学校占 5.88%，而中等学校却占 92.24%；到 2004 年，高等学校占 5.44%，初等学校占 4.40%，而中等学校占 90.16%。③ 我国职业教育的薄弱，在中等职业教育这一层级，就表现得尤为集中和明显。

我国的中等职业教育，主要由技工学校、中等专业学校和职业高中三种办学类型组成，招收对象多为初中毕业生。其中，技工学校和中等专业学校这两种学校类型，都是计划经济时代的产物，曾经隶属国家的部委、行业或企业，招生、管理和就业深受国家计划的影响。特别是中等专业学校，毕业生享有国家统包分配的"干部"身份，使得中专学校在当时炙手可热。④ 改革开放后很长一段时间，一些技工学校和中等专业学校仍旧隶属国家的部委、行业或企业，直到 1998 年国家新一轮改革，才完全脱离了与国家部委及企业的隶属关系，交由地方管理，学生也完全面向市场，

① 潘晨光等：《中国职业教育：发展与挑战——来自中国社会科学院的报告》，《职业技术教育》2007 年第 21 期；潘晨光等：《中国职业技术教育的发展与挑战——基于全国 32 所职业院校的调查》，《中国人口科学》2007 年第 2 期。

② 王清连、张社字：《职业教育社会学》，教育科学出版社 2008 年版，第 167—175 页。

③ 潘晨光：《中国职业教育：发展与挑战——来自中国社会科学院的报告》，《职业技术教育》2007 年第 21 期。

④ 朱永新：《中国教育改革大系·职业教育卷》，湖北教育出版社 2016 年版，第 111 页。

自主择业、自谋出路。[①]

"职业高中"这种学校类型，曾在中华人民共和国成立后20世纪50年代末和60年代初大量发展，后因"文化大革命"而几乎撤销殆尽。改革开放后，为应对经济发展对职业技术人才的需求，国家在中等教育改革中，又将一部分高中或初中改办成"职业高中"。当时的市场经济改革，加上就业压力和财政状况，不允许新办的学校由国家"统包统分"。因此，比起职业中专和技术学校，职业高中从一开始就未受到国家计划的保护，也最容易受市场经济的影响。[②]改办而成的职业高中，办学经费需要地方自筹，学生就业需自谋出路，因此从一开始就处于中等职业教育体系的边缘位置。

更重要的是，隶属国家部委、行业或企业的技术学校和职业中专，曾是计划经济时期我国产业技能人才培养的重要方式，深受单位制和师徒制的影响，形成了一整套的职业人才培养模式。[③]尽管在1998年，这两类学校完全交由地方管理，完全面向市场经济，但仍保留了比较健全的专业门类和人才培养模式，以及一些硬件设备，依然是我国中等职业教育体系的重要组成部分。而1980年从一些乡村高中或初中基础上改办的职业高中，既没有实训设备，也没有职业教育的基础，更缺乏职业人才培养的经验，一切都需要从头摸索。

不过近20年间，职业高中的学校数量和在校学生数量，在各类中等职业学校中却一直是排在前面的。据统计，2003年我国有职业高中5284所，技工学校2970所，普通中专学校3065所，成人中专2823所，其中

---

① 杨金土：《90年代中国教育改革大潮丛书——职业教育卷》，北京师范大学出版社2002年版，第77—79页。

② 杨金土：《90年代中国教育改革大潮丛书——职业教育卷》，北京师范大学出版社2002年版，第80页。

③ 王星：《技能形成的社会建构——中国工厂师徒制变迁历程的社会学分析》，社会科学文献出版社2014年版。

职业高中学校数量居首位，约占总数的 40%，比第 2 位普通中专的学校数多 2000 多所。不过，从 2008 年起职业高中的学校数量急剧下降，已与普通中等专业学校的数量接近，但仍是位居第一的。[1] 在校学生数量上，2004 年职业高中 516.9 万人，技工学校 234.4 万人，普通中专 554.5 万人，成人中专 103.3 万人。[2] 职业高中在校学生数量虽略低于最高的普通中专，但占总数的比例仍达到 37.7%。到 2016 年，普通中专在校学生数位列第一，约占总数的 45%，比第 2 位职业高中在校学生人数多 300 万人。[3]

这样看来，比起技工学校和职业中专，职业高中在学校地位、办学历史以及培养基础和培养能力方面，都是处于弱势地位的，在中等职业教育体系中是处于边缘位置的。不过，尽管处于边缘位置，但近 20 年来，职业高中的学校数量却一直居各类中等职业学校首位，在校学生人数一直位居前列。问题就在于，没有长期的办学历史且缺乏职业人才培养能力的职业高中，为什么在全国还有如此多的学校数量和在校学生数量？职业高中又如何能够教育并培养好这么多的学生呢？

（二）处于县域社会边缘的"职业高中"

作为一种学校类型，"职业高中"不仅在职业教育体系中是边缘的，而且在所处的县域社会中也是边缘的。不像技术学校和中专学校设在城市，职业高中从一开始就设在县级或乡级，面对的是广大乡村地区，它的生源、教学和就业，就与乡村地区的经济、社会和教育发展紧密相关。

改革开放最先是从农村开始的，乡村经济的发展有赖于一些懂农村农业的技术人才。1983 年，国家在中等教育改革中，要求各地把一部分普通

---

[1] 2008 年到 2016 年职业高中学校数减少到 3726 所，较 2003 年下降了 36.6%。和震、刘云波、魏明等：《中国教育改革开放 40 年：职业教育卷》，北京师范大学出版社 2019 年版，第 17 页。

[2] 和震、刘云波、魏明等：《中国教育改革开放 40 年：职业教育卷》，北京师范大学出版社 2019 年版，第 45 页。

[3] 2016 年，职业高中在校生数 416.6 万人，技工学校 323.2 万人，普通中专 718.1 万人，成人中专 141.2 万人。和震、刘云波、魏明等：《中国教育改革开放 40 年：职业教育卷》，北京师范大学出版社 2019 年版，第 45—46 页。

高中改办为职业高中，力争使乡村各类职业技术学校在校学生数达到或略超过普通高中。[①] 然而，要从根本上发展乡村职业教育，仅仅关注学校数量或在校生人数，是远远不够的。直到今天，高考升学依然是农村子女阶层流动的重要渠道，人们对职业教育的认可度一直不是很高。

在高考升学的压力之下，在一个地区之内出现了重点小学、重点中学、重点高中与普通小学、普通中学、普通高中的等级序列和"二元结构"，人为制造和扩大了学校差距，严重影响我国基础教育的公平性。[②] 各地最初改办的职业高中，都是在普通高中的基础上改办的，从一开始就与当地县城的重点高中处于不同等级的位置上。

在这种重点高中和普通高中的"二元结构"下，在一个县域社会内，在高考激烈的升学竞争下，一方面，出现了以追求高考升学率为唯一目标，以集全县资源力量高度动员的，以封闭式军事化管理为主要特征的"县中模式"[③]；另一方面，随着义务教育的普及，大量中考成绩靠后未进入县重点高中的学生，就进入县城的普通高中或者职业高中，实际中还出现了混合开展普通教育和职业教育的"综合高中"或"职业高中"。[④] 高考升学处于劣势，职业教育又处于边缘地位，大量中考成绩靠后的学生涌入这些学校，给这些"综合高中"和"职业高中"的教学和管理带来挑战。这也正是我所在的这所职业高中面临的现实困境。

然而，"职业高中"建立之初，面对的就是广大乡村地区，学校的生源构成、教学管理和学生出路与乡村地区的经济社会和教育体系变动密切

---

① 国家教委职教司：《职业技术教育文件选编》，生活·读书·新知三联书店1989年版，第17页。

② 杨东平：《中国教育公平的理想与现实》，北京大学出版社2006年版，第13页。

③ 齐燕：《"县中模式"：农村高中教育的运作与形成机制》，《求索》2019年第6期。

④ 曾凤琴、庞学光：《综合高中：一个备受争议的实践性论题——我国学者的相关研究述评》，《中国职业技术教育》2020年第36期；常宝宁：《我国综合高中发展的现状、问题与对策研究》，《教育发展研究》2015年第2期；杨天平、江松贵：《我国综合高中发展中的四个"不综合"问题举要》，《上海教育科研》2005年第5期。

相关。随着大量农民工外出务工，新生代农村流动人口增多，越来越多的农村人口游离于农村社会体系和城市社会体系，很可能演变为游民[1]，甚至出现青少年犯罪等行为。由于家庭教育的缺失，地方工业的不发达，社会保障体系的不健全，这些新生代孩子的教育和管理任务就逐渐推给学校。职业高中遂成为教育和管理这些新生代孩子并维系县域社会秩序稳定的屏障。从另一个意义上来说，目前的职业高中在县域社会中承担的重要功能是吸收和分担高中教育压力，维系社会稳定。

以此来看，"职业高中"这种学校类型，不仅在职业教育体系中是处于边缘的，在县域社会中也是处于边缘的。我所面对的这所职业高中的悖论状况，尽管会有某些特性，但其并不是一个孤立或特殊的个案，而是深深"嵌入"整个教育、社会和经济体系之中的，折射出我国职业教育和县域社会的系统性问题。这样的状况，既与整个教育系统紧密相连，关联中小学基础教育，牵涉到职业教育、高等教育问题，也与县域人口、经济和社会发展变化密切相关。

因此，本书要解答的问题是：职业高中所处的县域教育结构、经济结构和社会结构在 30 年时间内发生了哪些结构性的变迁，从而逐步形成了当下的办学困境。

三、既有的研究文献综述

这所职业高中的困境，实质上涉及我们对转型时期中国乡村教育、职业教育以及学校教育制度的理解和认识。为深入理解目前这所职业高中困境背后的实质问题，一方面需要梳理有关中国乡村教育的研究文献，另一方面需要参照西方教育社会学的研究成果，同时还需要比较中西方职业教育发展的差异。因此，根据本书的研究问题，将从"学校教育与底层阶级

---

[1] 王春光：《新生代农村流动人口的社会认同与城乡融合的关系》，《社会学研究》2001 年第3 期。

再生产""乡村教育与乡村社会的衰落""职业教育与乡土社会的重建"三个方面进行文献综述。

（一）学校教育与底层阶级再生产

作为一所位于县城的职业学校，不以职业技能培训为主，反而以安全管理为重心。面对这样的悖论，我们会心生疑问：乡村的职业学校，如果没有给农二代提供足够的职业技能培训，也未能帮助学生高考升学，是否可以说职业教育不仅未能促进农二代的阶层流动，反而使教育再生产阶层不平等呢？乡村的职业学校究竟在乡村社会中发挥了怎样的功能和作用？若从西方教育社会学的理论视野出发，我们可能首先会联系 20 世纪六七十年代西方教育社会学兴起的再生产理论和抵制理论来解释。

西方教育社会学作为一门分支学科，其每一个阶段的研究问题都与资本主义社会中教育领域的发展紧密相关。18 世纪末，涂尔干面对工业社会的迅猛发展所带来的"失范"，试图以道德伦理的重建来整合社会。他强调一种在世俗道德之上的道德教育，通过现代教育，培养公民道德和职业伦理，以达到在分化的职业中形成社会的整合。[1] "二战"之后，每个国家都重视教育对个人发展和社会经济增长的促进作用。帕森斯指出了教育的两种功能，即社会化和筛选作用，而班级就承担了这两种功能。班级把未来成人角色所需的价值、责任内化于学生，又按照学业成绩进行人力资源分配，决定是否接受更高一级的教育，以及进入不同的职位体系当中。[2] "二战"后的人力资本理论，更进一步指出了教育对促进个人流动和社会进步的积极作用。[3]

---

[1] ［法］涂尔干：《职业伦理与公民道德》，渠东、付德根译，上海人民出版社 2006 年版。
[2] Parsons, T: "The School Class as a Social System: Some of Its Functions in American society", *Harvard Educational Review*, 1959, 29: 297.
[3] ［美］西奥多·W. 舒尔茨：《论人力资本投资》，吴珠华等译，北京经济学院出版社 1990 年版；［美］加里·贝克尔：《人力资本理论——关于教育的理论和实证分析》，郭虹等译，中信出版社 2007 年版。

20 世纪 60 年代，欧美各国的教育出现了诸多问题：学生入学人数大量增加，但就业率不高；人们受教育年限逐步提高，白领人数增加，但也进一步无产阶级化；底层阶级及工人阶级得不到平等的受教育机会。教育没有促进个人的发展，更没有促进社会的民主与平等，这让人们开始质疑教育的积极功能。

以鲍里斯和季亭士为代表提出的"经济再生产理论"，强烈批判了教育理论中的民主进步论和技术功能论，认为教育系统一方面为资本主义经济提供不同职业结构的劳动力，另一方面在学校系统内部建立等级制，以此维持资本主义的经济生产关系。因此，教育制度是维持统治阶级合法性的工具，是等级的、压制的，而不是民主与发展的。[①] 以布尔迪厄为代表提出的"文化再生产理论"，认为不同阶级在文化资本上的分配是不平等的；学校主导的文化是统治阶级的文化，偏向那些已经获得上层阶级文化、语言和习性的学生；学校教育是再生产统治阶级现存的文化资本和权力关系，并非如民主派和技术派所言的可以促进阶层流动。[②]

威利斯在《学做工——工人阶级子弟为何继承父业》一书中，提出了"抵制理论"，认为工人阶级的孩子不是因为服从或迎合这套教育制度而被再生产为工人的，而是因为他们拒绝这套中产阶级文化，坚持自己的"反学校文化"（Counter-School Culture）使他们成为工人。威利斯认为，那些工人阶级的孩子总是抵抗学校的制度规范，以找乐子、玩闹、打架等方式寻求刺激，表现出一种能动的反抗，他们的反抗抵制使他们丧失了学习的机会，只能从事学历和技能要求较低的工作，并逐渐成为工人。[③]

---

① ［美］鲍里斯、季亭士：《资本主义美国的学校教育：教育改革与经济生活的矛盾》，李锦旭译，桂冠图书股份有限公司 1989 年版。
② ［法］P. 布尔迪厄、J.-C. 帕斯隆：《再生产——一种教育系统理论的要点》，邢克超译，商务印书馆 2002 年版。
③ ［英］保罗·威利斯：《学做工：工人阶级子弟为何继承父业》，秘舒、凌旻华译，译林出版社 2013 年版。

受威利斯的研究启发，熊易寒等人对国内农民工子弟学校的研究指出，随父母进城务工的打工子弟，被排斥在城市公共教育体系之外，在打工子弟学校中展示出自主、能动而鲜明的群体文化特征，如"义""混日子""不学习"等群体文化；他们也具有"反学校文化"，在意识上主动放弃了学业，后来进入社会从事基础工作，"主动"参与了自身阶层再生产。① 这些研究，呈现了农民工子弟的群体文化特征以及农民工子弟学校教育的困境，给我们理解我国农民工子女阶层流动问题，提供了一种重要的研究路径。

然而，不管是"再生产理论"还是"抵制理论"，都是在西方发达的经济体系和教育体系基础上形成的，与西方社会发展的特定阶段有密切的联系。目前我国还处于社会转型时期，经济体系和教育体系都不发达，是否可以完全运用这些理论来解释我国农民工子女学校教育和阶层流动的问题，还是需要斟酌讨论的。周潇对农民工"子弟"和威利斯"小子"的比较研究指出，这两者呈现出相似的"反学校文化"，但实则是"形似质异"：农民工子弟对待知识和文凭更多的是认同，而非抗拒；农民工子弟在城乡二元结构和户籍制度下，更多地处于弱势地位，并非具有一种反抗的"优越感"；农民工子弟并非主动放弃学业，而是被动放弃，在学校教育、家庭教育和居住社区方面都是处于边缘化状态。② 这一观点，与本研究的经验事实和分析观点非常贴近。

此外，我们的研究关注点不仅应放在农民工子弟学校承担的小学教育上，还应进一步拓展并分析他们在初中、高中以及高等教育阶段的学校教

---

① 熊易寒：《底层、学校与阶级再生产》，《开放时代》2010 年第 1 期；熊春文、史晓晰、王毅：《"义"的双重体验——农民工子弟的群体文化及其社会意义》，《北京大学教育评论》2013 年第 1 期；熊春文等：《"混日子"：对农民工子弟就学文化的一种理解》，《南京工业大学学报（社会科学版）》2014 年第 2 期；刘广宇：《断裂的生活：打工子弟学校学生亚文化的形成——以北京一所打工子弟学校为例》，载陈向明主编，《质性研究 反思与评论（第 3 卷）》，重庆大学出版社 2013 年版。梁自存：《教做工：农民工第二代如何变成工人》，载郑也夫、沈原、潘绥铭编，《北大清华人大社会学硕士论文选编 2009》，社会科学文献出版社 2010 年版。
② 周潇：《反学校文化与阶级再生产："小子"与"子弟"之比较》，《社会》2011 年第 5 期。

育情况。尽管也有研究指出初中、高中教育和高等教育的阶层分化和城乡分化更明显①，但我们仍需要研究在不同受教育阶段，农村子女、农民工子女如何进入什么类型的初中、高中？不同类型和层次的学校，究竟如何教育和培养这些孩子？这些教育和培养，对这些孩子又产生了什么影响？

已有文献，也有具体分析职业学校的运作和学生受教育情况。庄西真运用访谈、问卷、案例等研究方法，分析了职业学校学生职业成长的规律和影响因素，提出了提高职业技术学校教育教学实效性的措施和方法。② 不过，该研究对职业学校学生来源构成、教学管理以及具体运作未做深入分析。周潇从社会学视角对中等职业学校的实证研究指出，中等职业教育在一定程度上促成了短程流动，但未能使农二代跃入更高的社会阶层；职业学校"管住学生"的教育定位、"轻技术重规训"的教育理念、企业对廉价劳动力的依赖是导致这种现状的制度性因素。③ 马学军对一所职业高中的个案研究指出，职业高中并未为学生提供一条不同于高等升学的职业道路，也未培养出适应于企业生产的技术工人，而是在地方承担起管理大量"学困生"的任务。④ 这些研究有助于我们深入认识中等职业学校实际的运作过程和学生的流动状况。

如果说农二代子女更多进入职业学校，那么我们就需深入分析并比较不同层次、不同类型的职业学校，在学校性质、招生来源、教学管理和学生毕业去向方面的异同，尤其需要深入分析不同职业学校实际运作状态背后所关联的教育体系、经济结构和社会变迁的关系，以揭示转型时期我国职业教育与经济社会的关系。尤其是立足乡村地区的职业高中，农村子

---

① 杨东平：《中国教育公平的理想与现实》，北京大学出版社 2006 年版，第 14—15 页。
② 庄西真：《学做技术工人 从职业技术学校到工厂过渡的实证研究》，外语教学与研究出版社 2010 年版。
③ 周潇：《从学校到工厂：中等职业教育与农二代的社会流动》，《青年研究》2015 年第 5 期。
④ 马学军：《转型时期中等职业教育的"异化"——对一个县级职业高中的历史和现实考察》，《社会发展研究》2014 年第 1 期。

女、农民工子女的阶层流动，与乡村的人口、教育和经济社会发展更是直接相关，更需深入研究，这样才能帮助我们深入理解乡村职业教育与乡村社会转型的关系。

（二）乡村教育与乡村社会的衰落

职业高中，立足于广大乡村地区，其招生、教学和学生出路，与乡村教育变化密切相关，因此我们需要梳理有关中国乡村教育研究的文献。

国内对中国乡村教育的研究，在 20 世纪末多受社会学和人类学社区研究传统的影响，多以乡村小学为研究对象，从历史变迁的角度，分析乡村学校在国家与地方、现代与传统的关系中扮演的角色。如王铭铭对闽台三村初等教育的历史研究，探讨现代性认同与地方民间文化的关系变化[1]；曹诗弟对邹平百年教育的分析，讨论教育在国家与乡村社会之间如何充当指示器；[2] 司洪昌通过对仁村学校教育的历史人类学考察，分析百年来国家、地方和村庄相互力量的变化。[3]

近些年来，我国乡村教育和乡村社会都发生了重要变化，值得注意。自 2001 年全国范围内实施"以县为主"税费改革，直接导致了乡村教育体系的重大变化。税费改革之前，乡村形成以乡镇为主的分级办学，乡村教育形成"小学不出村，中学不出队，高中不出县"的格局。税费改革之后，"以乡为主"的教育体制变为"以县为主"，全县精简教学机构，合并乡村小学，统一安排教育经费，形成对乡村人口和资金的双重虹吸效应，加剧了乡村的凋敝。[4]

---

① 王铭铭：《教育空间的现代性与民间观念——闽台三村初等教育的历史轨迹》，《社会学研究》1999 年第 6 期。

② ［丹麦］曹诗弟：《文化县：从山东邹平的乡村学校看二十世纪的中国》，泥安儒译，山东大学出版社 2005 年版。

③ 司洪昌：《嵌入村庄的学校——仁村教育的历史人类学探究》，教育科学出版社 2009 年版。

④ 周飞舟：《谁为农村教育买单？——税费改革和"以县为主"的教育体制改革》，《北京大学教育评论》2004 年第 3 期；张玉林：《分级办学制度下的教育资源分配与城乡教育差距——关于教育机会均等问题的政治经济学探讨》，《中国农村观察》2003 年第 1 期。

　　熊春文的研究指出，各地撤销的小学逐渐合并为乡镇或县城的中心小学，带来"文字上移"[①]，一方面造成乡村学校大量关闭，乡村进一步衰落；另一方面造成乡镇或县城学校，班级规模严重超编，乡村教育质量下降。刘云杉以为，各地村小合并后，乡村教育逐步脱离原来的乡村社会，成为"悬浮的孤岛"[②]。杨东平指出，近些年来农村子女在高等入学、职业获得和阶层流动中的差距进一步扩大，教育在中国很大程度上仍受家庭因素的影响，其不仅没能促进个体流动，反而加速这种阶层之间的不平等。[③]农村子女想通过教育"鲤鱼跳龙门"，实现阶层流动的可能性越来越小。[④]

　　这些研究提醒我们，自 21 世纪初以来乡村教育体系自身已发生了重要的变化。乡村中小学合并，不仅直接影响了乡村教育，而且影响了县城的中小学。随着时间的推移，进而影响到县城高中的招生、教学和管理。就本书研究的 H 县教育体系变动来看，职业高中所招收的大量学习基础较差的学生，其实早在中学就已经被分流出来了，职业高中的办学困境，实际上是当地中小学教育问题的积累和延伸。基于此，本书对这 30 年来 H 县地方教育体系变化与职业高中发展的关系进行梳理，以分析这些变化如何相互关联形成了职业高中的奇特状况。

（三）职业教育与乡土社会的重建

　　职业教育在西方现代社会中扮演着重要角色，和西方成熟的工业体系有着良好的适应关系。一国能形成怎样的职业教育体制，与其自身所处的制度环境、历史背景、经济结构有着紧密的关联。目前在社会转型期，职业高中与整个教育、社会和经济系统并没形成很好的适应及协调关系。在

① 熊春文：《"文字上移"：20 世纪 90 年代末以来中国乡村教育的新趋向》，《社会学研究》2009 年第 5 期。
② 刘云杉：《"悬浮的孤岛"及其突围——再认识中国乡村教育》，《苏州大学学报（教育科学版）》2014 年第 1 期。
③ 杨东平：《中国教育公平的理想与现实》，北京大学出版社 2006 年版，第 14—15 页。
④ 刘云杉等：《精英的选拔：身份、地域与资本的视角——跨入北京大学的农家子弟(1978—2005)》，《清华大学教育研究》2009 年第 5 期。

西方工业化国家中，职业教育在第一次、第二次工业革命和第三次信息技术革命的推动下，已逐渐发展成熟并得以广泛推广，成为国家教育体系中不可或缺的重要组成部分。在大多数工业化国家中，教育体制分为学术型教育（academic education）和职业型教育（vocational education），学术型教育为学生进入更高一级学院或大学做准备，而职业型教育为学生毕业后能够直接进入劳动力市场做准备，两种不同的教育类型为学生提供不同的人生轨迹。人们一般会把美国和德国作为两种具有代表性的教育体制来研究，去比较什么样的因素造就了二者迥然不同的教育体制。

在美国一直缺乏一套系统培养劳动力的方式。美国主要发展大众中学教育，学生接受普通而不是专业的技能训练。学生毕业后升学高等教育，很少有进入职业训练的学校。在美国，有很多地方能够为当地的学校提供资金支持，保证了美国有极高的中学和大学普及率。比起德国，美国公司的雇主在影响学校发展方面的作用微乎其微，雇主行会的力量也很微弱。在美国，在4年的中学教育后，学生更多的是想进入排名靠前的高等学校，获得大学文凭，而不是想进入职业技能的培训学校，他们认为职业教育的课程是"second best"（第二选择）[①]。

德国和"改良的学徒制国家"（奥地利、丹麦、瑞士等）表现出与美国教育体制极度的偏离。学生结束4年的小学教育，进入初级学校、中级学校或高等中学。但很多学生完成初级学校和中级学校的学习后，会进入德国著名的"双元制"（dual system），包括业余职业学习和相关雇主的学徒制。[②]在完成约400门官方认可的职业培训课后（其中大多数需要有学徒经历），才可以获得证书。在为期3年的学徒期结束后，学生参加理论和实践考试，才能获得一份技术工人证书。德国企业虽然对正式资格的要求

---

① Neil J.Smelser and Richard Swedberg, "The handbook of Economic Sociology", Princeton University Press, 2005,pp587.
② ［美］奥沙利文：《公司治理百年——美国和德国公司治理演变》，黄一义等译，人民邮电出版社2007年版，第260—263页。

很高，但他们在未来管理人才的来源方面并不完全依赖大学教育。他们也会招收大学工程学位的学生，但这些毕业生并不会被直接授予高级职位，而是要求他们先取得工厂层面或其他运营领域的经验。在公司的高管层，大约有 1/4 的经理最初是以工人的身份加入公司的，在中级管理层，这种持有技校颁发的工程学位的人员更为普遍。①

可以看出，一国究竟形成什么样的职业教育体制，和所处的制度环境、历史背景、经济结构有着紧密的关联。分析职业教育对工作获得、社会流动的影响作用时，也需考虑到背后的这些因素。至少在德国，职业教育对个人、公司和国家的作用就很明显，而在美国就很薄弱。反观我国，目前在社会转型期，社会经济体系还不发达，教育体系也不成熟，教育和社会经济各系统的关系也就没有形成对应和协调的关系。随着撤点并校，大量村庄小学消失，"文字上移"带来乡村的衰落，有学者形容是"失去乡村的中国教育"和"失去教育的中国乡村"②。民国时期陶行知所言的"乡村教育走错了路"③，仍在提醒我们反思现代教育与乡村社会的关系问题。在这个意义上，民国时期的晏阳初、梁漱溟、陶行知等人开展的乡村建设运动，仍然是我们思考乡村社会转型的宝贵遗产。而费孝通先生提出的"乡土重建"的概念，以及对乡村经济、教育和技术人才的思考，为我们理解乡村教育与乡土社会的现代变迁提供了一个重要的分析框架。

费孝通先生在《乡土重建》一书中，用美国田纳西州土地被河流冲刷侵蚀来比喻中国传统乡土社会在近代受到的破坏。费先生认为，中国传统社会的稳定，是由自上而下的皇权和自下而上的绅权这样的双轨维持的。中央的权力到县就为止了，而民间的公共需要，如水利、互助、教育等地

① ［美］奥沙利文：《公司治理百年——美国和德国公司治理演变》，黄一义等译，人民邮电出版社 2007 年版，第 260—263 页。
② 饶静、叶敬忠等：《失去乡村的中国教育和失去教育的中国乡村——一个华北山区村落的个案观察》，《中国农业大学学报（社会科学版）》2015 年第 2 期。
③ 胡晓风等：《陶行知教育文集》，四川教育出版社 2007 年版，第 157 页。

方性的事务，是由乡绅领导的民间自治单位负责的。乡绅主要是那些通过科举做官然后归隐乡土的人，他们担负道在师儒、为民师表，移风易俗的重任，构成了"落叶归根的社会有机循环"。①西方列强的侵入、科举制的废除以及国内战乱的频繁破坏了政治的双轨运行，也侵蚀了乡土社会。面对这种局面，费孝通指出，"引起这损蚀冲洗作用的是许多经济、政治、社会、文化的因素，这些因素在我们近百年的历史里"②。

对费孝通来说，复兴乡土社会固然有很多的方面，但最根本的是基于乡土社会的特质，重建乡村和城市的有机循环。在经济方面，费孝通主张通过发展乡土工业架起都市和农村的经济桥梁；在教育和人才方面，费孝通认为在当时新式大学和新式中学的体制和观念下，农村读书的成本越来越高，且培养出来的人才都留在城里，成了"回不了家的乡村子弟"，乡土社会的人才有机循环被破坏了，"以前保留在地方上的人才被吸走了；原来应当回到地方上去发生领导作用的人，离乡背井，不回来了。一期又一期的损蚀冲洗，发生了那些渣滓，腐化了中国社会的基层乡土"③。费孝通认为，乡土社会的人才循环如何构建起来，是乡土重建的关键。"如果我们在物质建设上想采取 TVA 一般的计画，我们还得把这土地复原的概念扩大成乡土复员。除非乡土社区里的地方人才能培养、保留、应用，地方性的任何建设是没有基础的，而一切建设计画又必然是要地方支持的。"④费孝通从其姐姐费达生留学回来在农村从事养蚕技术的推广中，在某种程度上看到了职业技术教育与乡土工业变革的联结，也看到了职业教育与乡土重建的有机关联。

1985 年中华职业教育社主办的《教育与职业》杂志副刊，邀请费孝通担任编委，他不仅欣然应允，还写了《要继承和发扬学以致用的传统》一

① 费孝通：《乡土重建》，岳麓书社 2011 年版，第 55 页。
② 费孝通：《乡土重建》，岳麓书社 2011 年版，第 56 页。
③ 费孝通：《乡土重建》，岳麓书社 2011 年版，第 59 页。
④ 费孝通：《乡土重建》，岳麓书社 2001 年版，第 55 页。

文，谈到了发扬民国时期职业教育的传统，阐述了发展职业教育对我国社会改革的重要意义。费孝通在文中说，"我与职教社的关系可以说是'顶替'关系，因为我父亲搞职业教育。我姐姐也是搞职业教育的"。以此可知，费孝通的父亲、姐姐都是民国时期我国职业教育重要的实践者和推动者，费孝通也一直重视职业教育对乡村社会发展的重要价值。

改革开放从农村最先开始，乡村经济发展，最缺乏的还是人才。费孝通认为乡村经济发展中，潜在的重要问题就是农村缺乏实用人才。人才问题落到实处就是一个教育问题，农村不是没有人才，而是考出去了，农村留不住人才。当然，也不是说考出去的人不爱家乡，而是所学的内容在农村用不上，农村没有适合的工作和职业。"所以，农村要留住人才，就一定要结合农村的实际，用适当的方式来培养人才。重要的途径之一就是发展农村职业技术教育。"[1] 当然，乡村职业技术教育发展比城市面临的问题要多一些，困难要多一些。我国地域广阔、各地资源分布、产业结构和劳动力素养等都有较大差异，不能以同一模式去发展各地的乡村职业教育[2]，需要因地制宜、灵活多样地去探索。

当前，我国正在实施乡村振兴战略，而乡村振兴归根结底还是人才的振兴，需要培养出适合乡村经济社会发展的人才。县城重点高中培养的人才都到大中城市的高等学校读书，很难返回当地，而县城的职业高中，一方面承担管理这些成绩靠后学生的任务，另一方面承担培养地方经济社会的人才重任。从这个意义上来说，研究和发展乡村职业教育，对乡土社会的重建仍然具有重要意义。本书拟通过对这所县级职业高中的个案分析，试图去深入理解职业高中与县域教育体系和经济社会发展的关系，进而深入理解我国职业教育与乡村社会转型的关系。

---

[1] 费孝通：《从当地实际需要出发发展农村职业技术教育》，《教育与职业》1992年第2期。
[2] 钱民辉：《职业教育与社会发展研究》，黑龙江教育出版社1999年版，第206页。

四、以"县域"作为研究单位

狄金华认为，自 20 世纪以来，在中国乡村研究中，兴起了村落、集市、乡镇和县域四种模式的研究单位，分别对应"社区研究""经济区域""乡镇共同体""县域社会"四种不同的研究范式。[①] 以往中国乡村研究，多以村庄、集市或乡镇作为研究单位，各有代表性的研究著作和成熟的研究方法。相对而言，对"县域"的研究，是非常薄弱的。

杨雪冬主要从行政权力分析的角度，较早提出应将"县"赋予中观分析单位的地位，"县域"既不是行政权力延伸的最末端，也不是行政权力制定的上端；选择"县域"为分析单位，可以更好地研究权力在国家与乡村社会之间的交织和运作。[②] 狄金华认为，"县域研究"虽不如其他研究单位那样有比较成熟的研究范式，但自秦代设郡县制以来，"县"一直是中国社会基层中最稳定的行政层级，有较为完整的空间体系、经济体系、社会体系和文化体系。以"县"为研究单位，会呈现出比村落、集市和乡镇更丰富的农村图景，也能更完整、全面地反映国家对农村社会的影响。[③]

着眼于近些年来"县域"在地方经济社会和国家治理体系中的作用越来越重要，狄金华进一步指出应对县域经济结构、社会结构和权力结构做深入研究，以推动县域社会学的研究。[④] 此外，王春光还认为"县域社会"不仅可以作为研究对象，还可以作为一种研究方法，对推进中国社会学研究有独特价值；县域社会作为基层社会，具有完整、独立的形态和系统，可以有效连接家庭、村落、乡镇与更宏观的社会，兼具现代性和传统性；

---

① 狄金华：《中国农村田野研究单位的选择——兼论中国农村研究的分析范式》，《中国农村观察》2009 年第 6 期。
② 陈明明：《权力、责任与国家（复旦政治学评论）》（第 4 辑），上海人民出版社 2006 年版，第 153—176 页。
③ 狄金华：《中国农村田野研究单位的选择——兼论中国农村研究的分析范式》，《中国农村观察》2009 年第 6 期。
④ 狄金华：《县域发展与县域社会学的研究——社会学的田野研究单位选择及其转换》，《中国社会科学评价》2020 年第 1 期。

县域社会研究，可以拓展和丰富以往村落和乡镇研究的局限，也有助于推进城乡二元结构的融合。①

实际上，以"县"作为研究单位，在民国社会学的经典著作中早已受到重视。费孝通在《皇权与绅权》一书中，讨论了中国传统政治的"双轨制"，即自上而下的皇权和自下而上的绅权，两者正是在"县"一级发生交叉。所谓"皇权不下县"指中央的权力到"县"一级就为止了，"县"以下的水利、互助、教育等公共性的地方事务，是由士绅领导民众来负责的。费孝通晚年提出的小城镇研究，也是有意超越传统以村落为研究单位的局限，重视集镇、区域这样更高一级的层次。此外，李景汉的《定县社会概况调查》、瞿同祖的《清代地方政府》，也都是以"县"为单位展开研究的。

而乡村的教育体系，更是以"县"为单位展开的。钱民辉认为"农村教育研究，应当以县为单位，包括村庄到县城的学校教育系统。我国农村的基层教育体系（高中—初中—小学）是以县城为中心而展开的，所以如果说乡镇（即过去的公社）是农村经济生产的重要组织与管理环节的话，那么县就是农村教育的重要组织与管理环节"②。李书磊对乡村学校的研究，正是以县域为研究单位，分析了丰宁县从村小、中学到高中的课程设置和人才培养，认为从村小到县第一中学，都是为城市的大学输送人才而准备的，因此乡村学校是为国家、城市、工业的现代化建设服务的，与乡村社区的需要不发生关系。③

基于田野材料以及上述分析，本研究选择以"县域"为研究单位，主

① 王春光：《对作为基层社会的县域社会的社会学思考》，《北京工业大学学报（社会科学版）》2016 年第 1 期；王春光：《县域社会学研究的学科价值和现实意义》，《中国社会科学评价》2020 年第 1 期。
② 钱民辉：《教育社会学研究：学科·学理·学术》，社会科学文献出版社 2014 年版，第 70 页。
③ 李书磊：《村落中的国家：文化变迁中的乡村学校》，浙江人民出版社 1999 年版。

要分析县域教育结构、经济结构和社会结构，近些年的变化如何塑造了这所县级职业高中的困境。具体来说：

第一，从县域教育结构来看，教育层级一直与行政层级对应。在税费改革前是"小学不出村，中学不出乡，高中不出县"，税费改革后以"乡镇"为单位负担教育经费转变为"以县"为单位，仍与行政层级紧密相连。若要分析乡村的某一学校组织，需要将其放在县域的教育体系中，看其与小学、中学、高中的联动情况。自21世纪初农村中小学合并，不仅直接影响了乡村教育，而且影响了县城的中小学以及县城高中的教学和管理。职业高中所招收的大量学习基础较差的学生，其实早在中学就已经被分流出来了，职业高中的办学困境，实际上是当地中小学教育问题的积累和延伸。

第二，从县域经济结构和社会结构来看，20世纪80年代乡村经济繁荣、乡镇企业的快速发展，以及90年代乡村经济结构变化、农民工外出务工，对不同时期职业高中的办学定位产生了重要影响。尤其随着大量农民工外出务工，新生代农村流动人口增多，他们的监护、培养和就业就是一个重要的问题。由于家庭教育的缺失，地方工业的不发达，社会保障体系的不健全，这些新生代孩子的教育和管理任务就逐渐推给了学校。这所职业高中目前的办学困境，和县域经济结构、社会结构变化密切相关。

以此来看，本书选择县级的职业高中进行个案研究，并非就个案而说个案，而是把这所职业高中的困境放在县域社会中来理解。根据本书的研究问题、文献综述和研究的单位选择，本书试图把职业学校面临的困境，置于宏观的历史制度背景和微观的学校运作机制之中，考察其所处的县域教育结构、经济结构和社会结构在30年时间内发生了哪些结构性的变迁，从而逐步形成了当下的办学困境。

五、历史分析与个案研究的拓展

本书运用个案研究的方法，通过分析一所县级职业高中的困境，以期理解转型时期我国职业教育与乡村社会之间的关系。个案研究的优势，在于能"解剖麻雀"，深入细致地剖析个案，来呈现个案特征的丰富性和意义的独特性。然而，不可忽视的是，个案研究始终面临着如何处理特殊性与普遍性、微观与宏观之间的关系问题；类型学的比较、个案意义的阐释、分析性概括以及扩展个案法，都从不同角度对超越个案研究的局限和难题进行了探索。①

于本研究而言，笔者深知个案研究的限度，但并不意味着要完全放弃个案研究，而是会依据本书的研究问题和研究思路，在深入分析个案的基础上，通过一些方法，尽力尝试并克服个案研究的局限。首先，作为一个学校组织，这所学校包含招生、教学、管理、高考升学和职业培训等几个必不可少的环节，学校的困境是各个环节交织而出现的后果。因此，本研究首先深入剖析这所职高学校的各个环节实际是如何运作的，遇到什么困境，呈现什么状态。其次，本研究会进一步结合结构分析和历史分析，深入讨论不同的结构性因素是如何发生变化，共同形塑了这所学校的困境。具体来说：

第一，把学校内部的微观运作与学校外部宏观的结构变迁结合起来。前文指出，作为职业高中，这所学校是嵌入在职业教育体系、县域教育结构、经济结构和社会结构之中的。外部宏观的系统和结构的变化会直接影响这所职业高中的招生、教学、管理和办学定位。如珍妮·H.巴兰坦在《教育社会学：系统的分析》一书中所指出的，"虽然我们关注的是学校系统的内部结构，但是我们也必须考虑到这个系统是通过与环境的相互作用

---

① 卢晖临、李雪：《如何走出个案——从个案研究到扩展个案研究》，《中国社会科学》2007 年第 1 期。

而成形和变化的。学校服务于社会中的其他组织和机构,并且学校不能独立于这些组织"。① 因此,本研究会分析 H 县不同时期的县域教育结构、经济结构和社会结构,进一步讨论这些结构如何影响这所学校的困境。

第二,把个案分析和历史分析结合起来。近年来,把历史学的分析视野带入中国社会学的研究,有力推动了社会学研究的历史转向。② 应星指出,在个案研究中,把理论分析和经验事实很好结合,实非易事,经常会陷入直觉经验主义和抽象概念套用的误区。运用历史分析,把历史分析带入田野工作,对连接微观与宏观有特殊的重要性。③ 如本书前文指出,这所职业高中出现的悖论事实,是中国社会转型时期所形成的产物,是长期的制度结构和历史演变过程共同形成的结果,并不能简单套用西方教育社会学的"再生产""反学校文化"等抽象的概念就可以解释。本书研究的时段为 1981 年至 2011 年,这 30 年正是我国改革开放以来社会发生深刻转变的时期,也是 H 县县域社会和这所职业高中发生重要变迁的时期。本书采用历史分析方法,分析这 30 年来,结构性因素发生了怎样的变化,如何相互交织形塑了学校的困境。

第三,把个案分析和比较分析结合起来。超越个案研究的局限,一个重要的方式就是进行类型的比较。本书前文指出,在中等职业教育中,职业高中这种学校类型是处于边缘位置的。不像技术学校和中等专业学校都设在城市、曾经深受计划经济影响、享受国家"统包统分"政策,改办而成的职业高中从一开始就设在县级、乡级,面向广大农村地区,其招生、教学和职业定位就深受乡村经济社会的影响。这与发达地区和城市地区的职业学校很不一样。限于研究精力,本书对此并未深入比较分析,只是在

---

① ［美］珍妮·H.巴兰坦等:《教育社会学:系统的分析 第 6 版》,熊耕等译,中国人民大学出版社 2011 年版,第 86 页。
② 肖瑛:《非历史无创新——中国社会学研究的历史转向》,《学术月刊》2016 年第 9 期。
③ 应星:《"田野工作的想象力":在科学与艺术之间——以〈大河移民上访的故事〉为例》,《社会》2018 年第 1 期。

分析"顶岗实习"的章节会涉及，并在结尾处再次回应这一问题。

当然，个案研究还面临"家乡社会学"的困境问题，这并不是说家乡不能成为我们的研究对象，关键在于研究者的问题意识和自我反思意识。如应星指出，"重要的并不是家乡还是非家乡的选择问题，而是根据自己的问题意识对田野选点有没有清醒的内省。关系的熟悉和进入的方便绝不能成为田野选点的决定性条件"。① 于本书而言，不管是研究单位的选择，还是研究方法的选择，都有深入的反思。本书试图分析和呈现的不仅仅是这个职高学校的个案本身，而是这种悖论事实背后的我国职业教育与乡村社会转型的关系问题。

六、田野概况与资料收集

（一）田野中的职业高中

这所职业高中所在的 H 县位于我国的中部地区，是一个以林业为主的山区县。随着当地经济结构调整，从事农业（含林、牧、渔）劳动的比例逐步减少，而非农业劳动者的比例则不断上升。农业劳动者比例由 1986 年的 89% 降至 2005 年的 34.7%，而从事第二、第三产业劳动者的比例，则由 1986 年的 11% 升到 2005 年的 65.3%。②

2005 年，全县辖 11 个乡、6 个镇，总人口 35 万人，其中农业人口 27.5 万人。③ 2005 年，全县有劳动力 240352 人，占总人口 354180 人的 67.9%。从事第一产业劳动力 164865 人，占 68.6%；从事第二产业劳动力 31435 人，占 13.1%；从事第三产业劳动力 44052 人，占 18.3%。外出务工半年以上的劳动力 120837 人，占总劳动力的 50.3%。④ 当地常年平均有一

---

① 应星：《"田野工作的想象力"：在科学与艺术之间——以〈大河移民上访的故事〉为例》，《社会》2018 年第 1 期，第 41 页。
② H 县地方史志编纂委员会：《H 县志 1986—2005》，中州古籍出版社 2012 年版，第 86 页。
③ H 县地方史志编纂委员会：《H 县志 1986—2005》，中州古籍出版社 2012 年版，第 2 页。
④ H 县地方史志编纂委员会：《H 县志 1986—2005》，中州古籍出版社 2012 年版，第 310 页。

半的劳动力都外出务工，甚至有的乡镇和村庄劳动力外出比例达到 70% 以上。父母大量外出务工，对留守的孩子影响最大。

H 县职业高中创建于 1981 年，初为"H 县城关完全中学"，1983 年更名为"H 县农林高中"，1987 年更名为"H 县职业高中"，1993 年建立了"H 县职业中专"，实行一套班子，两块校牌，正式名为"H 县职业高中（中专）"。学校先后被评为"国家级重点中等职业学校""国家中等职业教育改革发展示范学校""全国职业教育先进单位""全国职业技术学校职业指导工作先进单位"，以及省职业教育特色院校第三批立项建设学校。

学校有普通高中、职业中专和劳动力短期培训三种办学形式。高中班是学校的主体部分，每年约招 20 个班级，其中职业类班级设有种植、养殖、计算机、财会、建筑、旅游、文秘、商贸英语、服装、烹饪、汽修、政法、数控机床等多个专业，主要是课堂教学和应试学习，参加 3 年后的对口类升学考试，而并无实际的技能培训。职业中专班每年春季提前招收全县初三中考升学无望的学生，约招 6 个班，秋季学期再招 5 个班，第二年到工厂参加"顶岗实习"活动。劳动力短期培训班，根据政府安排，进行社会人员的劳动力培训，灵活安排培训时间，开展如缝纫、电脑录入等内容的培训。

2019 年，学校招生 1863 人，毕业 1731 人，在校学生 5679 人。在校男生占总人数的 57.2%，女生占 42.8%。学生大部分来自农村，农村学生占总人数的 92.2%。2019 年，学校占地面积 260 亩，有 4 幢教学楼、1 幢行政办公楼、1 幢实训楼、4 幢学生公寓、2 个学生食堂、1 个塑胶跑道标准田径运动场、1 个沥青跑道标准田径运动场。[①] 在 2012 年以前，学校除了 1 间缝纫机房、1 间电教室，没有其他的实训设备和实践基地。2012 年学校兴建 1 幢六层的实训大楼，有几间作为实训教室，其他多作为活动

---

① 来源：《H 县职业高级中学职业教育质量年度报告（2019）》，"H 县职业高中"微信公众号，2020 年 3 月。

室、会议室等。

需要指出的是，本书研究的时段界定为 1981 年至 2011 年。之所以这样界定，是有如下考虑：第一，这所职高学校的前身"城关完中"建立的时间即为 1981 年。第二，笔者于 2008—2009 年到该职业学校支教一年，2011 年暑假返回当地补充档案和统计资料，所收集的资料和所见所闻，都是限定在 2011 年之前发生的。第三，1981 年到 2011 年，这 30 年正是我国改革开放以来社会发生深刻转变的时期，也是 H 县县域社会和这所职业高中发生重要变迁的时期。当然，文中也有提到 2011 年之后的材料，如果没有明确说明，都是指 2011 年之前的。

本研究主要通过参与观察收集相关材料。笔者曾担任案例学校高中班的任课教师和中专班的班主任，深入体验学校日常的教学和管理。而后于 2011 年 8 月重访该地，补充收集了如下资料：1980—2011 年该县教育领域部分文件、报告；1980—2011 年该县高、中、小学每年基本情况的统计数据；2000—2011 年该县教育系统有关安全管理的政策文件，等等。此外，笔者于 2011 年 7 月实地调研学生实习的南方工厂，深入了解众多职业学校在该工厂进行的"顶岗实习"活动。这些材料构成了本书研究的主要材料。

（二）我与"职业高中"

任何一项深入的田野研究，都不可避免地要面对研究伦理的问题。这既需要研究者尽可能地深入田野之中，收集翔实的材料，同时还需要面对与被访者的关系。既需要得到被访者的认可，还需要保持一定的距离，不受被访者主观价值的影响，同时还要真诚面对被访者，不能给被访者带来伤害。①

于我而言，我是以一个"半局内人"的身份，进入这所职业高中的。我的身份是刚毕业的大学生，作为支教团的成员，到这所职业高中开展为

---

① ［美］艾尔·巴比：《社会研究方法 第 11 版》，邱泽奇译，华夏出版社 2018 年版，第 63—68 页。

期一年的支教工作。如果没有这样的"身份",我不仅很难有机会进入这所学校进行为期一年的参与观察,更不会去了解和研究乡村职业教育这个主题。作为新教师,我和其他老师一样,每天备课上课、坐班签到、批改作业。当然,毕竟我是"支教"的,在这里仅工作一年,不仅缺乏当地老教师那样长期丰富的教学经验,还缺乏师范类教师那样科班出身的专业能力,因此与学校正式教师的"局内人"身份相比,还是很不一样的。

这样的"半局内人"身份,对于我的参与观察而言,也带来了如下的影响:因为是"支教"的,学校是不会把重点班的课程和普通班语数外的基础课分配给支教老师负责的,更不会把管理责任重大的班主任职务让支教老师来承担,更多只是让支教老师教成绩靠后班级的副课,比如政治、历史这样的课程。这样的工作,与本校正式教师相比,是少了很多的成绩压力和管理压力,但也让我难以深入了解学校的升学和管理,难以体会到本校教师的成绩压力和管理压力。当然,这样一种因"支教"带来的"半局内人"身份,也让学生和教师对我们有不一样的看法。[1]学生会感觉我们更亲切一些,老师会感觉我们更有想法一些,他们学习和工作中的一些苦恼、抱怨和思考,可能难以与同学或同事提及,却愿意与我们交流。正是在这样临时的、偶然的、多次的交流中,我才开始感受到学校师生内心里共有的一些矛盾和无奈,甚至我也会产生"共鸣"。这些交流的感受,也刺激我进一步思考学校教学和管理方式背后的问题。

此外,在教育教学中,我也会产生自己的教学困惑。作为新教师,学校分配给我的工作,是带高一年级成绩靠后两个班的历史课。100分的试卷,每次考试一个班60人能及格的不到10人,多数都是二三十分,其他科目也多如此。除了重点班,其他普通班的成绩也好不了太多。为什么会出现如此多成绩较差的学生?这么多成绩较差的学生,是如何进入职高

---

① 陈向明:《质的研究方法与社会科学研究》,教育科学出版社 2000 年版,第 135—136 页。

的？他们日常的学习、生活和互动状态是怎样的？这些困惑，一方面靠向当地教师请教，另一方面自己也尝试解答。抱着参与观察的想法，我有了"跟班"的想法。我向一个班的班主任提出"跟班"想法后，他非常支持，说这样既可以给学生树立榜样，影响学生，还可以帮助学生培养良好的学习习惯。于是我和学生就一同上课、下课、自习，并到男生宿舍就寝，为期一周。在月末还与学生一同回家，了解学生家里和当地农村的情况。

其实，在教师教育领域，"教师作为研究者"已经成为一个非常重要的内容。教师通过对自己的日常行为和学生的学习进行系统而规范的探究，可以提升自我反思的意识和能力，有利于改进自己的教学工作。[1] 处于教育教学一线的教师，更应该做教师行动研究，教师是研究的主体，研究的问题（困惑）来自自己的日常工作，研究的目的是解决问题，因此，教师行动研究可以提高教师改善自己生存状态的意识和能力。[2]

教师开展行动研究，采用质性研究方法，非常适合教育学这门学科的基本特点，也适合教育的价值和过程。[3] 从这个意义上说，作为一名教师，面对教育教学中的困惑，我也是想通过参与观察的方法，深入理解这些学生从小成长的家庭、学校和社会环境，以此来理解他们在职高学习的状态，并进一步理解学校这样的管理方式形成的内外因素。

实际上，学校几位年轻老师知道我的"跟班"做法后，说我做了他们曾经想做而没有做的事情。他们刚工作时，也遇到了我这样的困惑，也想过以"跟班"或其他方式来深入研究、深入思考，只是一直没有时间和精力来开展。学校的老教师提醒我，这些学生的学习和行为习惯早在中小学就形成了，如果要理解职高的状况，需要对乡村教育有系统了解。这些老教师有着丰富的农村中小学工作经历，对乡村教育有深刻的洞察力和独到

---

① 陈向明：《教师如何作质的研究》，教育科学出版社 2001 年版，第 2—3 页。
② 陈向明：《行动研究对一线教师意味着什么》，《教育发展研究》2014 年第 4 期。
③ 陈向明：《教师如何作质的研究》，教育科学出版社 2001 年版，第 6 页。

的见解，他们不仅给我介绍该县农村中小学状况，还带我到农村中小学实地参观。如果没有他们的指导和帮助，我对乡村教育就不会进行深入思考，也就不会把职高的困境放在当地整个教育体系中来理解。

还需要提及的是，在这所职业高中，当班主任和当任课老师，工作的强度和承担的责任是完全不一样的。如果不做班主任，很难深入了解学校安全管理制度的运作，也难以体会学校班主任"勤跟苦守"的辛劳。在学校春季学期，我有幸被学校安排担任一个春招班的班主任，也有机会体验班主任的工作了。起初，我所在的高一年级，只是发通知说中专部的春招班缺老师，有意向的老师可以报名。我当时想，那边缺老师，我课时任务轻也有时间，就报名了。当在学校春季招生班工作会议现场，听到校领导宣读的六个春招班班主任名单中有我的名字，我是非常意外的。因为学校一般是不让"支教"老师承担责任重大的班主任职务的。后来我才知道，学校领导讨论春季招生班班主任人选时，我所在的高一年级主任向学校推荐我，他介绍了我与学生交流、跟班、家访的情况，说我虽然没有当过班主任，但之前做了大量班主任的工作，和学生之间的沟通较多，比较适合做班主任。

学校老师知道我担任春招班班主任之后，都有些惊讶，说："你剩两个月就走了，轻轻松松带完高中的课，何必做这么辛苦的事情！再说，春招的学生可是学校最难管的。"说实话，我非常感谢高一年级主任，如果没有他的推荐，我也就没有机会体验班主任的工作了。况且这是学校安排的工作，我也是学校的教师，应该服从学校的工作安排。此外，当地学校教师在学校是要工作一辈子的，很多人是要长期担任班主任工作的，而我顶多只是担任两个月而已，又有什么辛苦的呢？

对这所学校现状的困惑，对学生命运的牵挂，对教师工作的理解，以及这一年与当地教师和学生结下的朴素情谊，是我支教回来一直放不下的思绪。我也一直尽力去探索解答心中的困惑，究竟是什么样的因素造就了这样看似悖论的事实？当然，如何从学术研究的角度，找到一个合适的视角，分析并呈现田野的事实，是此后一直反复困扰我的问题。直到最后写作时，我才确定了大致的思路。当然，遵从学术研究的规范要求，本书出现的人名、地名，一概做了匿名化处理。

七、本书的章节结构

根据上文所述，本书从历史的视野出发，通过分析一所县级职业高中30年的历史变迁，来理解转型时期我国职业教育与乡村社会转型的关系。具体来说，本书会分析转型时期 H 县县域教育结构、经济结构和社会结构发生了怎样的变化，又怎样影响了这所职高学校的招生、教学、管理和职业培训，以致形成了以安全管理为重心的状况。按照这样的研究思路，本书章节结构安排如下：

第一章，导论。介绍本书的研究问题、文献综述、研究方法和田野概况。

第二章，H 县职业高中的历史沿革（1981—1999）。分析 20 世纪 80 年代这所职业高中的前身"城关完中"建立的背景，分析改名后的"农林高中""职业高中"内部的办学情况与外部经济结构的适应性。

第三章，21 世纪初县城教育不公平下的职高招生。分析 H 县高中的招生格局，探究职高的招生处境以及职高学生的来源。着重分析 2000 年以后县域教育体系和经济社会发生的变化，给职业高中招生带来的影响。

第四章，分类、分层与分流的职高教育。分析职高面对大量学习基础较差的学生，如何实施分类办学和分层教学，以及近些年来的高考升学困境。

第五章，以安全管理为重心的职高校风。分析职高重视安全管理的意义理念，以及这套安全管理模式的形成及其实际的运作。

第六章，从学校到工厂：对"顶岗实习"的分析。对职高学生在工厂开展的"顶岗实习"进行分析，讨论工厂中不同类型工人的来源和地位，分析学生工的招工方式，分析学生在工厂劳动中专业、能力和纪律的适应程度。

第七章，结语。总结县域教育体系、经济结构和社会结构的变迁是如何影响职高学校内部的招生、教学和管理的；同时指出职业教育人才培养，对乡村社会转型的重要意义。

第二章

H 县职业高中的历史沿革
（1981—1999）

在 H 县职业高中门口，左右两边挂着四块竖立的牌子，从左到右是：H 县职业教育中心、国家职业技能鉴定站、H 县职业高级中学、H 县职业中等专业学校。虽然是四块牌子，但实际上是一个机构组织，人们统称为"H 县职业高中"。作为一所学校的职业高中，其前身最早可追溯到 1981 年建立的"城关完全中学"。此后，学校几易其名，先后改为"城关高中"（1982 年）、"农林高中"（1983 年）、"职业高中"（1987 年），"职业高中（中专）"（1993 年）。2004 年，学校正式成立"劳动力转移培训中心"，形成了普通高中、职业中专和劳动力短期培训三种办学形式。

从 1981 年到 2011 年，这所职业高中走过了 30 年的历程。这 30 年，也正是我国改革开放以来，社会经济快速发展、城乡社会深刻转型的时期。不同时期，这所学校名称的变化，反映了当时教育体系和社会经济的重要变化。作为一所职业学校，其与基础教育、高等教育、职业教育环环相连，又要直面市场的变动，适应外部的社会经济变化。本章我们先从历史的角度梳理这所学校在 20 世纪八九十年代与县域教育体系、经济社会结构的关系，下一章再梳理 21 世纪初以来学校与地方教育体系及地方经济社会的变化关系，以此来理解学校内外发生了哪些结构和系统的变化，逐渐形塑当下的困境。

一、县域教育布局调整中的"城关高中"（1981 年）

1977 年冬，受"文化大革命"的冲击，中断了 10 年的中国高考制度得以恢复。1978 年 12 月，党的十一届三中全会召开，提出要把全党的工作重心从阶级斗争转移到经济建设上。在此背景下，H 县在 1979 年 3 月召开全县教育工作会议，提出教育系统的工作重心要从阶级斗争转移到教育教学上。为此，1980年3月至4月，县教育局对全县的教育状况，进行了细致摸底，提供了一份翔实的调查报告，为全县教育布局调整提供了重要的决策依据。[①]报告指出：

> "文化大革命"时，不讲经济基础，不顾办学条件，在小学教育尚未普及的情况下，队办初中，社办高中。"文化大革命"前，全县有完中一所，每年招收高中两个班108人，在校高中学生324人；初中六所，加上一中，每年招收初中14个班756人，在校初中学生2260人；外加民办初中1所，农业中学8所，基本上适应当时经济发展的需要。可是目前，虽然已经过两次的小型调整，全县尚有完中18所，在校高中生4582人，是"文化大革命"前的14.2倍；初中131所（包括附设初中班的小学），学生13097人，是"文化大革命"前的6倍。大大超过了国民经济的负担能力和现有的办学条件，造成了全县中小学教育在人力（师资力量），物力（校舍、仪器、图书、教具等），财力（教育经费，包括基建投资）上的全面紧张，严重影响了教育质量的提高。[②]

可见，"文化大革命"前该县仅有一所完全中学，设有全县唯一的高中班，承担全县高中教育的任务。而在"文化大革命"时，在"队办初中，社办高中"的口号下，不顾现实的办学条件，全县兴办了大量的初中和高中。尽管全县已经微调两次，但到1980年4月，全县尚有完中18所、初中131所，远远超过"文化人革命"前的初高中学校数量。这一时期，入学人数也比"文化大革命"前大幅增加：在校高中生4582人，是"文化大革命"前的14.2倍，中学生是13097人，是"文化大革命"前的

---

① H县教育局：《关于调整我县中学布局的意见（供县委讨论时参阅）》，1980年4月。
② H县教育局：《关于调整我县中学布局的意见（供县委讨论时参阅）》，1980年4月。

6 倍。"文化大革命"时期，大量增加的学校数量和学生人数，造成全县教育资源在人力和物力上的紧张。在师资力量问题上，报告指出：

> 全县现有高中 82 个班，需要大学本科毕业的教师 287 人，可是"文化大革命"前的高中教师只有 6 人，无奈只好从初中和小学教师中硬拔。现任高中课程的 256 名教师中，大学本科毕业的 9 人，只占了 3.5%。专科毕业的 74 人（包括工农兵大学生），占 19%。其中真正胜任的只有 27 人，占 10.5%。勉强能应付的不过 50 人，占 20%，70% 是凑合使用。初中 331 个班，需要专科毕业的教师 828 人，而现任初中课程的 854 名教师中，没有一个是专科毕业的，除部分中师毕业者外，78% 的是"文化大革命"期间的高初中毕业生，半数甚至还是小学文化程度……更为严重的是，各科教师不配套，各个公社代课老师不均衡，课程开不齐全，学生学不了全面的知识，有的勉强开了课，但老师自己就不会。每次考试题，任课教师本人就做不及格。这类现象，初中更为普遍、更为严重。①

以此可见，"文化大革命"前全县仅有 6 名高中教师，"文化大革命"中增加的高中教师，大量从初中和小学教师中硬拔。初中也是如此，初中 854 名教师中，没有一个是专科毕业的，除部分中师毕业者外，78% 的是"文化大革命"期间的高初中毕业生，半数甚至还是小学文化程度。师资力量的缺乏，影响了中学、高中的教学质量，同时也严重影响了小学教学秩序的正常开展。报告指出：

> 中学发展过快，无论是从师资力量上，还是校舍设备等各个方面，都挤压了小学，削弱教育基础，影响了普及工作。小学教师教初中，初中教师教高中，层层上拔，只顾及中学，忽视小学，导致许多小学生年年"欠校"，期期"亏损"，有的连续留级，学的"没瘾"，就自动退学；有的即

---

① H 县教育局：《关于调整我县中学布局的意见（供县委讨论时参阅）》，1980 年 4 月。

使升入中学，但基础差，叫"天书"，学不懂也跟不上。这就削弱了基础，影响了普及办学教育工作。①

"小学教师教初中，初中教师教高中"，层层上拔，导致许多小学教师数量和质量无法保证，严重削弱了基础教育。对于一个受革命战争严重破坏的老区来说，本已薄弱的教育基础，再加上"文化大革命"时期过度发展的学校规模，全县的教育资源和教育质量更是面临很大挑战。此外，除学校师资力量缺乏外，全县教育经费更是严重缺乏：

每年用于支休公，民办教师工资等个人部分就占去整个教育经费的80%，用于办公经费部分只占20%。现在平均每个初中学生，每月只拨办公费0.2元，高中0.5元，学习都是穷过渡穷对付，月月入不敷出，有的连灯油、电话费都交不起。②

以此来看，当时全县的教育状况非常严峻，布局调整势在必行。经过反复调研讨论，该县从1981年7月开始进行中学布局调整，直到1982年底基本结束。调整前全县有高中18所、初中131所，调整后全县有高中4所、初中33所，初、高中学校数量大幅降低。也就是在这次调整布局的过程中，县政府决定建立"城关完全中学"，这所学校即为后来的"职业高中"的前身。全县的中学布局调整，大幅减少高中学校数量的同时，为什么还要建立这所完全中学呢？当时的县教育局报告记载：

县高中本应面对全县招收，办成重点高中的，但因县城没有两所高中，一连两年，只好在面对全县招收两个重点班的同时，招收城关镇的普通高中8个班，结果是20个班的规模，重点班、普通班混在一起，重点

① H县教育局：《关于调整我县中学布局的意见（供县委讨论时参阅）》，1980年4月。
② H县教育局：《关于调整我县中学布局的意见（供县委讨论时参阅）》，1980年4月。

不重。学生程度好者每门课程平均 90 分以上，差者 10 分左右，高低悬殊，教师授课极为困难。[①]

可以看出，当时县城只有一所高中，即被称为"县高"的重点高中，其面对全县优先招收学生，承担着全县高考升学的重任。但随着县郊、乡村的高中学校大幅撤销，以及入学人数的增加，临近县城的"城关镇"，其镇区内学生的高中入学成为问题，县城重点高中只好再招收 8 个普通班的学生，来解决这一问题。这一政策实施不久，作为重点高中的"县高"就提出异议，认为"重点班、普通班混在一起，重点不重""高低悬殊，教师授课极为困难"。这就是说，增加普通班，招收"城关镇"学生入学，严重影响了"县高"的高中教学和升学质量。因此，建立"城关完全中学"的目的，一开始即是帮助县重点高中分流普通班的教学任务，以此从招生和教学上更好发挥县城重点高中的作用，突出县重点高中在全县高中升学中的重要位置。

那么，布局调整中建立的"城关完全中学"，其招收范围和学生规模如何？在 H 县整体的高中教育格局中处于什么位置？从已有的文件看，当时教育局的调整方案共经历了 3 次修改讨论。1980 年 4 月的第一次调整方案，根据各社队的经济情况、文化基础、人口分布和学生来源情况，将全县 17 个社镇分为 6 片，每片设 1 所高中，共 6 所高中。[②]1981 年 2 月的第二次调整方案，又撤销红畈片高，把第一次方案中的 6 所高中调整为 5 所。原属红畈片高的几个乡镇都划归城关片高。[③]这里的"城关片高"即为 1981 年的"城关完全中学"，在 1982 年布局调整方案最终确定后，又改为"城关高中"。

---

① H 县教育局：《关于重点高中、城关中小学布局及扩建校舍的请示报告》，1980 年 5 月。
② H 县教育局：《关于调整我县中学布局的意见（供县委讨论时参阅）》，1980 年 4 月。
③ H 县教育局：《关于调整高中布局的请示报告》，1981 年 2 月。

尽管第二次调整方案又撤销 1 所片高，全县仅有 5 所高中，但根据上级要求还是不彻底。省委要求大约在 10 万人口中设 1 所高中，每 1 万人设 1 所初中，地区给该县规定设 4 所高中、33 所初中。在 1982 年县教育局又提出第三次调整方案，再撤销高山河片高，最终保留 4 所高中。[1] 这一方案（见表 2-1），成为该县中学布局调整的最终方案，也由此奠定了该县此后 30 多年的高中格局，深刻影响了该县初中和高中的教育格局。

表 2-1　H 县 1982 年高中布局调整方案[2]

片学名称	所辖公社人口数（人）	调整 规模		招生数（人）	升学率（%）	所属公社名称
		班数（个）	人数（人）			
城关高中	95963	12	600	100 农村 100 城关	10 23	城关镇、城郊、大余、刘家畈、茶畈、李店、红畈、许店
李乡高中	106681	6	300	100	10	李乡、高山河、罗畈、谷河、房寨
刘乡高中	80923	6	300	100	15	刘乡、董乡、新河、水湾
县高中		12	600	200		
总计	286567	36	1800	600		

从此调整方案中，我们可以了解全县 4 所高中的招收范围和人数规模，也可以进一步理解"城关高中"在该县高中教育格局中的地理和功能定位。经过调整，全县最终确定 4 所高中，分别为：城关高中、李乡高

---

[1]　H 县教育局：《关于调整农村中学的请示报告》，1982 年 4 月。
[2]　H 县教育局：《关于调整农村中学的请示报告》，1982 年 4 月。

中、刘乡高中和县高中。其中两所是县城高中，两所是乡镇高中。四所高中，除了县高中可以在全县优先招收中考分数最好的学生，其他3所高中都是按片区招生。

李乡高中和刘乡高中，是全县当时初高中学校大幅撤销之后，仅保留的两所乡镇高中。李乡是西北部地区的中心乡镇，在该乡设立"李乡高中"，合并辖区里几个公社的高中，可方便学生入学。刘乡是县东部几个地区的中心，在这里设"刘乡高中"，也是考虑到该区域内地理、经济以及文化接近的因素。这两所高中曾经非常有声誉，升学质量也不错，在20世纪八九十年代还培养出考入清华北大的学生。像全国大多数乡村高中一样，这两所高中维系了近30年，新时期也面临中小学撤点并校、农村人口外流、县城公办和民办高中挤压带来的挑战。李乡高中，直到今天依然在艰难维持，承担附近几个乡镇的高中教学任务，升学率不断降低，处境也岌岌可危。刘乡高中在入学人数连年减少，升学率降低的形势下，于2011年正式停办（本书在下一章会深入分析）。

新建的"城关完全中学"（城关高中），最初选址在县城南边的酒厂空地，远离县城中心位置，位置介于县城南部和县城中心之间，方便县城南部和县城郊区的学生入学。1982年调整方案，显示"城关高中"的招生范围包括城关镇、城郊，以及城南的大余、刘家畈、茶畈、李店、红畈、许店等公社。该县西北部有李乡高中，县东部有刘乡高中，而位于城南的城关高中，不仅可以满足城关镇、城郊学生的高中入学需求，还可以解决全县南部地区学生的高中入学问题。这样的话，全县城郊以及广大乡村地区的学生高中入学，此后就由这三所高中分别承担了。

需要指出的是，城关高中虽然也面向该县南部地区的学生招生，但毕竟是位于"城关"的一所高中，还要招收城关镇、城郊的学生，这与李乡、刘乡两所乡村高中的性质还不一样。换句话说，城关高中并不是一所位于农村的乡镇高中，而是与县高中一样，是位于县城的高中，只不过是在城南，而不是县城中心的位置。尽管都是县城的高中，但是位于城南的城关高中，与县中心的县高却是处于不同等级的。县高中，处于县城的中心地带，享有招生政策的优惠，可以在全县招收中考分数靠前的学生，是全县的"重点高中"，此后更是全市、全省的示范性高中。虽同在县城，但一个是普通高中，一个是重点高中，学校的办学条件、师资力量、生源质量、教学水平和升学成绩，却有天壤之别。

这样，自1982年全县中学布局调整之后，H县的高中布局，在地理上就形成了城南、城中、县西、县东的四所高中；在城乡层次上，就形成了两所乡镇高中，两所县城高中；在教育等级上，就形成了一所重点高中的"县高"和其余3所的普通高中。这样的高中教育布局，奠定了该县此后维持近30年的高中教育格局。此后尽管"城关高中"先后改名为"农林高级中学""职业高级中学"，但"城关高中"在全县教育格局上处于普通高中的弱势地位，延续至今。

二、中等职业教育改革中的"农林高中"（1983年）

H县在1982年中学布局调整之后，就赶上国家改革中等教育改革的号召。1978年4月全国召开教育工作会议，针对当时教育系统存在的问题，邓小平同志明确指出："教育事业必须同国民经济发展的要求相适应"，要求"扩大农业中学、各种中等专业学校、技工学校的比例"。[1]1978年12月，党的十一届三中全会提出全国的工作重心要转移到经济建设上。经济社会的发展，不仅需要高等教育培养出来的少数高科技技术人才，更需要大量的中初级技术人才、管理人才和高素质劳动力，这对我国的职业教育提出了更紧迫的要求。1980年教育部、国家劳动总局发布了《关于中

---

[1] 杨金土：《90年代中国教育改革大潮丛书——职业教育卷》，北京师范大学出版社2002年版，第1页。

等教育结构改革的报告》，对我国中等教育机构和职业教育发展提出了全面而系统的要求。报告指出：

> 我国中等职业技术教育的基础十分薄弱。"文化大革命"以前，刘少奇同志提倡两种教育制度、两种劳动制度，是符合我国国情的，对推动当时教育结构改革起了重要的作用。但是，由于林彪、"四人帮"的破坏，不仅我国的教育制度和劳动制度没有得到改革，而且使大批中等专业学校和技工学校被迫停办，农业中学、职业学校被摧残殆尽，造成中等教育结构单一化，与国民经济的发展需要严重脱节。普通高中毕业生除少数升入大学外，每年有数百万人需要劳动就业，但又没有任何专业知识和技能；同时，各行各业亟需技术力量，对招来的新工人还得进行二、三年的学徒培训，影响劳动生产率的提高。这种状况对四化建设和安定团结极为不利。中等教育结构改革势在必行。[①]

报告明确指出，我国中等教育改革的历史背景和当前存在的问题。"文化大革命"破坏了之前良好的教育制度模式，大批中等职业技术学校被迫关闭，造成教育结构单一，中等教育发展远远不能满足当时国民经济发展的需要。1983年5月6日，中共中央、国务院发出《关于加强和改革农村学校教育若干问题的通知》，要求：

> 改革农村中等教育结构，发展职业技术教育，是振兴乡村经济，加速农业现代化建设的一项战略措施。各地要根据本地区的实际需要与可能，统筹规划，有步骤地增加一批农业高中和其他职业学校。除在普通高中增设职业技术课，开办职业技术班，把一部分普通高中改办为农业中学或其他职业学校外，还要根据可能，新办一些各类职业学校。力争1990年，

---

① 中华人民共和国教育部、国家劳动总局：《关于中等教育结构改革的报告》，人民网（法律法规库），1980-10-07。

农村各类职业技术学校在校学生数达到或略超过普通高中。农业中学和各类职业学校的毕业生，主要回农村参加工作，农村有关单位应优先从中择优录用，也可以对口升学。[①]

　　此文件，明确要求地方可以把普通高中改为职业学校，力争使各类职业技术学校在校生数达到或超过普通高中。1985年，中共中央《关于教育体制改革的决定》中，指出"职业技术教育恰恰是当前我国整个教育事业最薄弱的环节……职业技术教育问题已经强调多年，局面没有真正打开，重要原因在于长期以来对就业者的政治文化技术准备缺乏应有的要求，在于历史遗留的鄙薄职业技术教育的陈腐观念根深蒂固"[②]。职业教育的薄弱，固然与历史的破坏和观念的根深蒂固有关，但在一定程度上也与地方教育的现实条件有很大关系。

（一）改办的"农林高中"

　　H县在1982年中学布局调整之后，就响应中央及省市关于中等教育改革的号召，在1983年4月将"城关高级中学"改为"县农林高级中学"。在1983年12月，H县政府在《关于加强和改革教育工作的决定》的意见中，正式提出该县的教育要服务于当地的山区经济，并正式确定"农林高中"和"林业初中"为全县职业教育发展的重点。文件中指出：

　　经济要振兴，教育要先行，我们必须客观地清醒看到我县教育落后状况不能适应山区建设发展的需要，严重地影响了我县经济发展的速度。目前我县存在的突出问题是：劳动生产率低，经济收入低，群众生活水平低。而我县丰富的自然资源和优势的地理气候条件却没有得到充分开发和

① 国家教委职教司：《职业技术教育文件选编》，生活·读书·新知三联书店1989年版，第17页。

② 杨金土：《30年重大变革——中国1979—2008年职业教育要事概录》（上），教育科学出版社2011年版，第24页。

利用。今后，如果教育上不去，科学技术上不去，我县20世纪末翻两番的目标就难以实现。[①]

可见，H县政府结合当地山区发展的实际，认为当地的技术落后、劳动生产率低，制约了经济快速发展，强调教育要服务当地经济，今后要大力发展全县的职业教育。报告提出，到1988年全县农林高中在校学生数要达到高中学生总数的50%；不仅是职业学校，当地的3所普通高中和30所普通初中均要开设劳动技术课；此外，该县还把另一个乡的初中改办为农业初中。这样，全县就形成了一所农林高中和两所农林初中的职业学校格局。

不过，为什么要把"城关高中"改为"农林高中"呢？改办后的学校在招生、学制、就业上有什么样的变动呢？如何在一个普通高中的基础上发展职业教育呢？又如何服务当地经济呢？该县教育局当时给县政府《关于改办普通中学为农林中学的请示报告》中，把"城关高中"改办为"农林高中"的情况做了详细说明：

城关高中系我县调整中学布局后保留的一所三年制普通高中，原定每年面对城关镇招收新生两个班，面对县南的七个公社招收新生两个班，在校学生共计十二个班六百人。这里有学农基地二十五亩，荒山十亩。聘请兼职教师也方便。计划从今年秋季起，改办为H县农林高中，学制、规模、招生范围以及经费来源等都不变。即每年面向本片七个公社招收初中毕业生两个班，一百人，办成农林专业班；面对城关镇招收初中毕业生两个班，一百人，办成职业技术班。前两年百分之七十时间学习高中基础课，百分之三十时间学习专业课，第三年基础课与专业课的学习

---

① H县政府：《关于贯彻落实省政府〈关于加强和改革教育工作的决定〉的意见》，1983年12月。

时间各占百分之五十。学生毕业后不包分配，可参加对口的高等院校或回社、镇就业。[①]

依据该报告所言，之所以选择把"城关高中"改为"农林高中"，一个重要的原因是，"这里有学农基地二十五亩，荒山十亩。聘请兼职教师也方便"。城关高中的25亩农学基地和10亩荒山，在某种程度上就成为"农林高中"唯一的资源条件，除此之外，学校并无其他技术设备和训练基地。报告还说明，改办的"农林高中"，在学制、规模和招生范围以及经费来源等方面，都保持不变，延续之前的"城关高中"，并没有因为学校的性质从"普通教育"变为"职业教育"就发生大的改变。变化之处，仅仅是把原来的班级名称改为职业，即把原来从所辖城南、城郊7个公社每年招收的100名农村初中生的2个班，改名为农林专业班；把从城关镇招收的城镇100名中学生的2个班，改名为职业技术班。学校学生规模不变，依然是每届4个班共200人，3年共12个班600人。

在课程设置上，"农林高中"的学生，"前两年百分之七十时间学习高中基础课，百分之三十时间学习专业课，第三年基础课与专业课的学习时间各占百分之五十"。也就是说，学生进入"农林高中"后，前两年仍然主要学习高中基础课，不到1/3的时间学习专业课，只是到了第三年，基础课与专业课的学习时间才达到同等比例。关于具体的专业课程开展情况，学校一位老教师告诉我：

最早开了三个专业，农学、林果、畜牧，就这三个专业，全部是涉农专业。H县没有工业嘛。农学林果是广义的农业，比如农业、林果栽培的课程都会开。那会文化课和专业课同时开了，文化课还是基础的。那三个专业人数很少，非常少，加起来不到一百人……实际情况是这样，那会来

① H县教育局：《关于改办普通中学为农林中学的请示报告》，1983年3月。

的时候学校总共十二个班，一个年级四个班，六七百个学生，实际上每一届每一个班里都有普通类和职业类，我们当时就合班，文化课一块上，职业班分开上，大概就是一个专业三十多人……那时的学生出来不包分配，去向和现在差不多，还是自主就业和对口升学。当时的实际条件、师资、课程设置是比较差的。①

通过这位老教师的介绍，我们可知学校实际的招生数和班级数，与文件报告中的基本一致，一个年级招生 4 个班共 200 人左右，在校生总人数共六七百人。至于具体的专业，"农林高中"最早开设了农学、林果、畜牧三个涉农专业，也是立足当地农林经济的需要。据这位老教师介绍，学校早期也有林果类的试验田，作为教学的实践基地。在课程设置上，农业、林果栽培的课程都会开，但文化课还是基础，学生并没有完全以技能学习为主。尽管学生会进一步分流为普通类和职业类，参加不同类型的升学考试，但学生还是合在一起的，并没有单独分开。

至于学生毕业后的出路，县教育局的请示报告中说，"学生毕业后不包分配，可参加对口的高等院校或回社、镇就业"，说明进入"农林高中"的学生，在就业上并没有什么优惠政策，还是与普通高中的学生一样，要么参加升学考试，要么自谋职业。这位老教师也同样证实，"那时的学生出来不包分配，去向和现在差不多，还是自主就业和对口升学"。这说明，从"城关高中"改办而来的"农林高中"，仅仅只是增加了一些专业课程，把班级名称改为职业类班级，学校的教学依然以文化基础课和考试升学为主，学生来源和学生毕业去向，并没有发生太大的改变。

尽管国家和地方政府自上而下都重视职业教育，提出要大力加强职业教育，但为什么"农林高中"中的"农林"部分没有实质地开展起来

---

① T老师访谈，T20081115。

呢？一方面，"农林高中"从一开始就不是按照职业类技术学校的模式新建的，而是从"城关高中"这样的普通高中改办而来的，在很大程度上延续了"城关高中"的招生范围和课程设置，尽管增加了一些涉农类的专业课程，但实质上仍是延续了高中教育的模式，以文化基础课和考试升学为主。另一方面，H县作为革命老区，经济很不发达，农村地区办职业教育，在师资、设备和技术方面都很薄弱。在经费来源方面，改办的"农林高中"依然和原来的"城关高中"一样，主要是片区负责，并没发生什么变化。如果正如那位老教师所言，学校"当时的实际条件、师资、课程设置是比较差的"，说明"农林高中"的职业教育，从一开始就是薄弱的。在这种条件下，学校的重心和学生家长的期望，当然还是要以考试升学为主。

1987年学校改为"县职业高级中学"，随着当地经济发展的需要，仅有的"农林"类课程已经不适应了，学校校名从"农林"改为"职业"在很大程度上是想把职业的范围扩大，但仍然不是完全的职业学校，还是"职业"和"高中"并置。到1989年学校在原有林果、农学、畜牧三个专业的基础上，广开多种涉农的课程，如家庭养殖、兽医、林果栽培、养殖、花卉、农学等专业课程。[1]但这个时候的招生范围、专业课程的教学安排，仍延续了之前的"城关高中"，学校仍然是依附于普通高中开展职业教学，没有实质性改变。

可以看出，在当时国家很早就意识到办职业教育的重要性，并鼓励在农村地区改小职业学校。在实践中，地方政府按政策也改办当地的职业学校，但从一开始，职业高中就是在普通高中的基础上建立的，不论从招生、学制还是课程、就业来看，都没有实质性展开，实际上依然是普通为主，职业为辅。即使到后来，学校在基础设施建设上有了很大的发展，但

---

[1]　H县教育体育局：《职业高中已初步显示出特色》，1987年10月。

这种普通和职业并置，并且职业依附于普通的"两条腿"走路模式一直延续到今天。

（二）"农科教结合"的探索

　　尽管"农林高中"最初延续了原来"城关高中"的招生、学制和课程设置，仍然以文化基础课和考试升学为主，职业教育并未实质性发展起来，但是在 20 世纪八九十年代的广大农村地区，各地都在积极探索职业教育与乡村经济结合的方式，以适应日益活跃和发展的乡村经济。我们并不能忽视这个时期的探索，反而要进一步分析这一时期职业教育在 H 县的推广和发展，以及"农林高中"的探索。

　　随着乡村经济的繁荣，全国各地在 20 世纪八九十年代都在积极探索职业教育与乡村经济结合的方式，后来国家统一确定为"农科教相结合"模式。这种模式意在把乡村经济发展、科技提升、职教培训结合起来，服务于农业和乡村经济。此后各地纷纷开展农科教综合项目，如"丰收""燎原""星火"等农村综合改革项目。这种模式，对于乡村经济、农民素质和农业科技提升都有重要意义，可以说是一种农业现代化模式的有益探索和实践。[①]

　　1985 年，H 县总面积为 1612 平方公里，合 241.8 亩。其中，山林面积为 180.5 亩，占总面积的 77.2%；耕地面积为 20.2 万亩，占总面积的8.4%；村庄、道路、河流面积为 33.6 万亩，占总面积的 14.4%，素有"八山一水一分田"之称。[②]可以说该县土地资源的潜力在山，发展重点也在山，尤其是山林资源的开放和利用尤为重要。着眼于当地的林业资源，H县政府在 1981 年就提出了"以林为主，林粮并举，多种经营，全面发展"

---

① 1991 年，国务院发布《关于大力发展职业技术教育的决定》，正式指出要积极推行农村教育综合改革，实施"燎原计划"，实行农科教结合模式。详细可见，杨金土：《90 年代中国教育改革大潮丛书——职业教育卷》，北京师范大学出版社 2002 年版。
② H 县县志编纂委员会：《H 县县志（1985）》，Y 人民出版社 1990 年版，第 1 页。

的生产建设方针。1983年12月，H县政府在《关于加强和改革教育工作的决定》的意见中，正式提出该县的教育要服务于当地的山区经济，并正式确定"农林高中"和"林业初中"为全县职业教育发展的重点。

在全国推广"农科教结合"的大潮中，再加上当地县政府对职业教育的重视，职业高中在20世纪80年代末就已显示了初步的特色，学校把农业技能培训、科技推广、服务乡村经济结合起来，逐渐成为当地职业教育的典型：

在1989年，学校发动全体师生，在河滩上填土造地，建成葡萄实验基地6亩，猕猴桃基地5亩，大小甲鱼池三个共1.5亩，花卉0.5亩，加强了学校的实验基地建设。在学校教师的带动下，学生还成立了多个课外科技小组，如牧医组、气象组、果林栽培实验组，培养了学生的动手操作能力；在课程设置上，根据本县经济发展的需要出发，学校在原有林果、农学、畜牧三个专业基础上，广开多种涉农的课程，如家庭养殖、兽医、林果栽培，养殖、花卉、农学等专业课程；在就业上，学校还建立专业定点，跟踪指导毕业生回家脱贫致富。学生毕业回乡后，有的承包荒山、鱼塘，有的栽培花卉、种植葡萄，还有的养鸡、搞农产品加工等。学校对这些学生实行跟踪调查与指导，帮助他们确定专业发展项目定期进行技术指导。[1]

另外，学校还在大余乡（第二个林业初中所在乡）承担了"燎原计划"实施项目，在该乡帮助农民推广杂交水稻、高产油茶的种植与管理技术及快速养殖家禽技术。这种办学特色，不论从办学模式还是就业模式来说，职业高中在当时的发展可谓有声有色。这样的话，乡村的职业教育，确实面向农村开展，服务了当地乡村经济，发挥了作用。不过，正如前文

---

[1]　H县教育体育局：《职业高中已初步显示出特色》，1987年10月。

我们提到的，尽管"农林高中"开设了多样的职业课程，但文化基础课和考试升学，依然是该学校的重要目标。不仅是职业高中，包括后来设置的乡级的"林业初中"，当地老师也跟我说实际上很多地方并没有办起来。在1987年，当地教育主管领导就指出：

> 劳动技术教育是薄弱环节。两年前，当地教育行政部门就下发了文件，要求普通中学开设劳动技术课，教育局一连两年在春季开学会议上安排一年的工作时，也强调要加强对学生的劳动技术教育，可是落实得怎样呢？可以说，除职业高中外，绝大多数高初中，包括两所农林初中在内都没有很好落实，劳动技术课变成了纯粹的劳动，或者打扫卫生，有的干脆把劳动课用来补文化课。[1]

可以看出，学校在这个时候办成特色，走"农科教相结合"的模式，尽管成效不大，在当地老师看来依然是以升学为主，但毕竟这种模式是乡村职业高中面向乡村经济的有益探索，对学生培养、学校发展、带动乡村经济来说都有积极的作用。不过20世纪80年代末的"农科教结合"模式，在20世纪90年代中后期就转变为面向市场，学校的职业办学也不再面向农村，而是面向国内外广阔的市场。

三、县域经济结构变动中的"职业高中"（1987年）

进入20世纪90年代后，随着我国市场经济的深入发展，特别是城镇化进程的快速推进，农村乡镇企业逐步衰落、剩余劳动力转移、农民工进城务工等问题日益突出，乡村经济逐步改变了原来以农为主的农、林、牧、副、渔致富方式，地方的产业结构、就业类型也在发生变革。在此背

---

[1] H县教育体育局：《办好中学教育　服务经济建设——全县中学教育工作会议上的讲话》，1987年12月。

景下，乡村职业教育也面临新的挑战和机遇，身处其中的乡村职业高中紧抓职业教育发展的机遇，但也面临不可避免的新困境。

（一）从"农林经济"到"外出务工"

H县土地资源的潜力在山，发展重点也在山，尤其是山林资源的开放和利用尤为重要。着眼于当地的林业资源，H县政府在1983年提出当地的教育要面向乡村经济，改办的职业学校也就称为"农林高中"和"林业初中"，开设的专业课程也是围绕农林类展开的。在20世纪80年代末兴起的"农科教结合"的模式中，该职业高中在课程设置、人才培养、就业指导上也是围绕当地的农林经济而展开的。在这个意义上，可以说这所职业高中当时的职业定位、专业设置也是为了适应当地农林经济的发展。

不过，职业高中在20世纪80年代的"农林"类的培养为什么没有大规模地展开，后期为什么逐步转变为面向多样化的市场呢？这与当地经济结构的变动有很大关系。1981—1985年，该县累计完成工农业总产值49287万元，比"五五"（1975—1980年）期间增加12.1%，年均递增3.9%。其中农业总产值37952万元，比"五五"期间增加2.3%，年均递增0.1%；工业产值11335万元，比"五五"期间增加65.2%。[1]这说明又过了5年，该县增加值最快的依旧是工业，工业延续了每年强势的增长势头，工业增加值是农业的65倍。

这样看来，虽然当地政府着眼于当地丰富的农林资源，提出"以林为主，林粮并举"的方针，当地的职业教育也是围绕农林类展开的，可实际上，1975—1985年这10年当地增长最快的是工业，而不是农林。这其中，发挥重要作用的是当时的乡镇企业。乡镇企业的发展，对活跃农村市场、服务农林业生产、吸纳农村剩余劳动力发挥了重要作用。

---

[1]　H县县志编纂委员会：《H县县志（1985）》，Y人民出版社1990年版，第1页。

　　该县地处深山区，又是老苏区，长期没有工业基础。中华人民共和国成立之后，当地村民渐渐办起了工业，社队工业也有所发展，先后办起了农机具修造，发电汽车，拖拉机运输，塑料制品，砖、瓦、陶瓷、铁锅及农村产品加工等。[①]改革开放后，在社队企业的基础上，本县大力发展乡镇企业，充分发掘当地的自然条件，各乡、村先后办起了农机修配、农副产品加工厂、木器加具、建筑材料、矿产、林、茶场等企业。[②]1987年，乡镇企业发展到8136个，其中，乡办161个、村办923个。村民组7052个，全县90%的村办了企业。[③]随着农业机械化程度的提高，农村剩余劳动力将会更多。这些剩余劳动力的出路，主要是靠乡镇企业来解决。[④]

　　不过，到了20世纪90年代，乡镇企业开始逐渐衰落。从1987年和1992年的数据对比可以看到，乡镇企业在80年代中后期迅速发展，到了1992年，企业个数、从业人数都有所下降。乡镇企业的从业人员，从1987年的23452人，到1992年减少为20229人，从业人数占农村劳动力的比重从1987年的22.4%下降到1992年的15.3%。[⑤]乡镇企业衰落，固然与我国的工业结构不合理、资金缺乏等因素有关，但从当地的教育与经济关系来看，人才技术的缺乏也是一个很重要的问题。1998年当地关于全县乡镇企业总结的一份材料中，指出该县乡镇企业：

　　缺技术、缺人才、企业管理水平低，企业产品科技含量低，无市场竞争力。全县乡镇企业从业人员中，大中专毕业生寥寥无几，仅占0.2%，专业技术人员也少，仅占3.1%，绝大部分企业都是手工作坊式的生产和管

①　H县县志编纂委员会：《H县县志（1985）》，Y人民出版社1990年版，第1页。
②　H县县志编纂委员会：《H县县志（1985）》，Y人民出版社1990年版，第4页。
③　H县县志编纂委员会：《H县县志（1985）》，Y人民出版社1990年版，第4页。
④　H县乡镇企业管理局文件，归档号3，1978年，第7页。
⑤　H县乡镇企业管理局：《一九九二年H县乡镇企业工作总结》，归档号40，1993年，第1—2页。

理，产品只能勉强覆盖本乡镇，无发展后劲，无市场竞争力。[①]

　　全县乡镇企业从业人员中，大中专毕业生寥寥无几，专业技术人员也比较缺乏，说明当时乡村职业教育还不能为当地提供需要的职业人才。材料中提到，当地一个百年历史的乡镇锅厂，一直沿用陈旧的技术和管理办法，无力进行技术改造，开发新产品。资金无来源，市场无销路，人员无干劲，当年已濒临破产。当地绝大部分乡村虽然都有茶厂，但长期进行原始的粗加工，效益十分低下，也缺乏技术人才，难以进行技术革新。[②]

　　1986年后，随着产业结构的调整，H县第一产业所占比例逐步下降，第二、三产业得到较快发展。从1986年到2005年，第一产业所占比重由60.32%降至26.06%，下降了34.26个百分点；第二产业比重由12.81%上升到42.57%，上升了29.76个百分点；第三产业比重由26.87%上升到31.37%，上升了4.50个百分点。[③]产业结构调整也带来了当地劳动力就业类型的变化，从事农业（含林、牧、渔）劳动的比例逐步减少，而非农业劳动者的比例则不断上升。农业劳动者的比例由1986年的89%降至2005年34.7%，而第二、三产业劳动者的比例则由1986年的11%上升到2005年的65.3%。[④]

　　1978年的统计中就表明，当时全县农村劳动力9.02万人，按每亩耕地需25个劳动日计算，农业共需要劳动力2.92万人，林业投入劳动力约3万人。当时的社队企业已安排5586人，全县剩余劳动力2.5414人。[⑤]后

---

① H县乡镇企业管理局：《H县乡镇企业发展情况的现状和未来》，归档号87，1998年，第11—12页。
② H县乡镇企业管理局：《H县乡镇企业发展情况的现状和未来》，归档号87，1998年，第11—12页。
③ H县地方史志编纂委员会：《H县志 1986—2005》，中州古籍出版社2012年版，第310页。
④ H县地方史志编纂委员会：《H县志 1986—2005》，中州古籍出版社2012年版，第310页。
⑤ H县乡镇企业管理局文件，归档号3，1978年，第7页。

来随着农业机械化程度的提高以及20世纪90年代乡镇企业的衰落，剩余的劳动力就更多了。据统计到2005年，全县有劳动力240352人，占总人口354180人的67.9%。从事第一产业的劳动力164865人，占68.6%；从事第二产业的劳动力31435人，占13.1%；从事第三产业劳动力44052人，占18.3%。外出务工半年以上的劳动力120837人，占总劳动力的50.3%。[①]当地常年平均有一半的劳动力都外出务工，甚至有的乡镇和村庄劳动力外出比例达到70%以上。大量父母外出务工，对孩子的影响最大，给当地的学校也带来很多影响。这些变化和影响，本书在下一章会展开分析。

由上可以看出，在20世纪80年代虽然乡村经济刚刚起步，但H县和全国范围内的农村形势一样，当地的乡镇企业异军突起，对吸纳农村剩余劳动力、增加农民收入、繁荣乡村经济起到重要作用。而此时该县的职业教育办学定位却是围绕农业的农科教结合模式，尤其在这所职业高中的职业办学上，本就开展了有限的农林类职业课程，和当时农村日益繁荣的乡镇企业发展并不适合。

（二）灵活多样的中专专业

随着当地经济结构的变化，"农林"类的专业已经不适应经济发展的需要，1987年学校名称改为"H县职业高级中学"，1993年学校改为"H县职业高中（中专）"，正式设立"H县中等专业学校"，实行一套班子，两块校牌。中专的设置，标志着学校的职业办学正式从普通高中脱离出来，成为学校中独立的一部分，和普通高中并列成为学校的两部分。

1993年学校设置的"职业中专"，从之前"面向农村"现在开始转向"面向市场"，开展"订单合作"的办学模式。课程设置根据市场变化而变化，并施行弹性学制，尽力满足用人单位的需求，这样的职业定位和职业培养模式，是在当时地方产业结构调整下所采取的应对措施。这种转变体

---

① H县地方史志编纂委员会：《H县志 1986—2005》，中州古籍出版社2012年版，第310页。

现在专业设置和培养模式的变化上。从专业设置来看，学校从早期的涉农专业转为后来的多样化专业设置：

1993年，学校增招职业中专3个班，专业分别为宾馆服务、电子、计算机应用，共128人；对口类班级设有农业、林果、畜牧、机电、会计、种植、养殖7个专业。

1994年，中专有5个班244人，只开设微机、宾馆服务2个专业。

1996年，中专班专业设置为：电脑财会专业，学制二年，招生50人；工艺美术专业，学制三年，招生30人；音乐专业，学制三年，招生30人；旅游与宾馆服务专业，学制二年，招生40人（只招女生）；保安专业，学制二年，招生50人（只招男生）。[1]

1998年，中专班专业设置为：预备役军人班60人（男生），幼儿教育班60人（女生），电脑财会专业60人，建筑与装饰专业60人，服装专业60人。

可以看出，学校从1993年设立中专开始，这部分的专业设置是依据市场变化而灵活调整的，各个专业设置变化很快，学制也各不相同。专业设置上，传统农林的专业已经取消，而新增了市场营销、工业建筑、导游、工艺美术、宾馆服务、农产品加工、烹饪等多个专业。当然，不同的专业设置，也关系到不同用人单位的选择，以及学校中专培养方式的变化。

在这些新增专业中，如保安、军人、宾馆等专业，是和一些单位公司合办的，学校称之为"订单培养，合同就业"的培养模式。用人单位需要什么样的人才，学校就开设什么样的专业，培养出来的学生经用人单位考核合格后，依据合同就业。学校先后与北京燕兴公司、中建总公司、新林公司、教育旅行社、县宾馆、海尔集团、北京时代服装等十余家企业签订

---

[1]　H县教育体育局：《一九九六年各中学招生计划》，1996年8月。

了培养协议。在学制上，中专部分实行长短期结合的弹性学制。如家电维修、服装裁剪等专业在校学习两年即可，宾馆服务专业学习时间只有一年。

中建总公司、海尔集团、北京时代服装是当时通过学校老师获得的合作项目。县宾馆和新林公司是当地的单位、企业，与学校建立了合作关系，因此也才会设置"宾馆服务"这个专业。后来学校还曾短暂参与过政府组织的涉外劳务培训，负责培训劳务人员，输送到国外。到了21世纪初，随着国家要求职业学校开展"顶岗实习"，学校的职业培养模式就转向与东南沿海的劳动力密集型工厂合作的"顶岗实习"活动了（第六章展开分析）。

尽管学校中专部分随着市场变化，设置了灵活多样的专业，但上面所提到的宾馆、微机、保安、建筑、烹饪、服装、幼儿教育等面向市场的专业，在学校师资、设备有限的情况下，很难大规模地实地开展。学校老师介绍，学校在20世纪90年代的培训设备就是一间缝纫室、两间微机室和一间由办公室改造的宾馆培训室（40平方米大小），在21世纪初，学校又建立了一间电教室，供上课用。这些培训的教室在2011年都还在，只是微机室已经破旧不堪了，电脑严重老化；宾馆培训的地方改为办公室了，就只剩缝纫机室还在使用。至于建筑、烹饪等专业的实地培训，更是无从开展起来。

随着当地经济社会的发展，这所职业高中也增设了"中专"部分，灵活开设多种专业，职业定位也从20世纪80年代的"面向农村"转为90年代的"面向市场"，但这样的职业培养方式与当地经济社会的发展并没有很好协调。从当地的经济需求来看，第一产业的比重下降，第二、第三产业吸纳劳动力的能力有限，大量的剩余劳动力外出务工。这个时候，学校的职业办学虽然转向"面向市场"，但面向什么样的市场，怎么面向市场，与学校职业培养方式如何结合，还是非常模糊的。学校的"面向市场"，最初是指面向"当地、国内、国外"三个劳动力市场。实际上到90年代后期，随着当地经济结构转向和大量劳动力外出务工，"面向当地"的企业已经很难开展起来了，而"面向国外"主要是县涉外劳务机构组织，学校更多的是通过私人关系和省市内外的公司单位联络，开展"订单合作"。当然，学校也会因为某些订单，开设幼儿教育、电脑财会、建筑与装饰等专业，但学校没有配套的师资和设备，也没能形成良好的、成熟的职业培养能力。

四、职业为辅、升学为主的"职业高中"（20世纪90年代）

虽然学校从1993年单独设立了职业中专班，但从人数规模和学校重视程度来看，高中班依然是学校的主体部分，高中升学依然是学校紧抓不放的部分。1994年秋，全校共14个班771名在校生，高中部共9个班523人，而中专班只有5个班244人。中专部的学生数占全校学生的1/3不到。从实际的办学情况来看，学校的教育教学重心仍然是高中升学，而不是职业中专的职业培训。

普通高中班，是职高前身——1981年建立的"城关高中"遗留下来的部分，是在地方不公平的教育格局下，职高为保证县重点高中的升学率，分担县城高中入学人数增加的压力而开办的，也一直承担着学校升学的重任，是学校紧抓不放的部分。在20世纪90年代中后期，学校高中班普通升学和对口类升学的成绩都还不错，一些科目还能和县高中竞争，尤其是文科。学校一位老教师介绍，"当时从高考的角度来说，基本上就形成了南北对峙的局面，县高中理科好，职高以文科为主。20世纪90年代后期全县形成一个意见，文科放在我们学校办，理科放在那边办。说明我们当时就可以和他们（县高中）抗衡了。"① 这个说法，也可以在当时全县各高

---

① T老师访谈，T20081106。

中高考成绩的数据中得到证实。

以 1996 年全县 4 所高中过省专线数据 [①]（见表 2-2）为例，当时县高中的文科过线率、理科过线率、总体过线率，都远远超过其他 3 所高中，比这 3 所高中的总和还要高出 10 多个百分点，比全县平均值也要高出近 10 个百分点。可见，县高中自 20 世纪八九十年代以来，就是该县高考升学率的支柱。而职业高中，文理科过线率、总过线率，虽然远低于县高中，但是高于乡下两所高中。从各学校的文理科过线率来看，县高中文科低于理科，而职高文科高于理科，说明县高中的理科较强，而职高的文科较强，这也证实了那位老教师的说法。

表 2-2　H 县 1996 年 4 所高中过省专线统计 [②]

类型	文科			理科			总计		
	报考（人）	过线（人）	过线率（%）	报考（人）	过线（人）	过线率（%）	报考（人）	过线（人）	过线率（%）
县高中	121	19	15.70	260	66	25.38	381	85	22.31
职业高中	79	5	6.33	60	2	3.33	139	7	5.04
李乡高中	30	1	3.33	93	2	2.15	123	3	2.44
刘乡高中	31	0	0.00	48	2	4.17	79	2	2.53
全县	261	25	9.58	461	72	15.62	722	97	13.43

此外，就高中班对口类升学成绩而言，这所职业高中的对口类升学成绩稳步提升，在所在市辖的职业中等院校中排名一直位居前列。如 2000 年，职业高中在职业对口考试中再次取得好成绩，该校参加考试的学生 231 人，进线 131 人，进线率达 56.7%，在 17 个对口专业中，该校有 7 个

---

① 在 1998 年高考扩招之前，当地的升学率都是以过"省专线"来统计的，包括专科和本科。1998 年之后，当地的升学率统计数据就把本科和专科分开了，尤其是县高中的统计数据里就不再统计过专科线的数据了，而只统计过本科线的数据了。

② H 县教育体育局:《1996 年高考情况简报》，1996 年 7 月。

专业共 8 人夺得全市职业对口专业总分第 1 名。[1]2003 年，该校 197 人参加普通类考试，进省专线以上 60 人，进线率 30%，在全市 46 所一般高中里居第 23 位；495 人参加职业对口考试，进本科线 144 人，占全市进线总人数（263 人）的 55%，过本科率为 29.09%，进专科线以上 476 人，过专科线率为 96.16%。[2]

不过，问题就在于，尽管学校很早就改名为"农林高中"，在 1993 年也新增"职业中专"，为什么还仍然紧抓不放高中升学呢？作为一所职业学院，尤其在国家大力重视和发展职业教育的情况下，这所职业高中为什么依然如此重视高考升学呢？对此，学校一位老教师解释说：

> 乡村职业高中，生存的维持还是要有升学，在实训设备、技术方面都达不到的话，完全抛开升学是没有生命力的，特别是落后的乡村职业教育，师资、实训方面都差一些，职业学校必须有一定的升学，若要放弃了，孩子们都不来了，马上就垮了，就没戏了。我们一直是两条腿走路，以升学带动就业，以就业促进升学，这两块发展是兼顾的。[3]

也就是说，位于农村的职业高中，实训设备、技术师资缺乏，若只办职业教育是没有竞争力和生命力的。尽管是一所职业高中，但毕竟在当地还承担着普通教育的任务，如果放弃普通教育，放弃升学，那么家长肯定不满意，学生也就彻底招不进来了。进入 20 世纪 90 年代后，尽管学校也建立了职业中专，开设了灵活的专业，但从学校的规模和重要性来说，普通高中班仍是学校的重心，也是学校的生命力所在。因此，这所职高学校，一直是两条腿走路，兼顾发展普通教育和职业教育。

以此可见，在改革开放以后，尽管国家大力提倡和发展乡村职业教

---

① H 县教育体育局：《2000 年高考情况简报》，2000 年 7 月。
② H 县教育体育局：《2003 年高考情况简报》，2003 年 7 月。
③ S 老师访谈，S20081206。

育，但乡村的职业学校都是在普通学校基础上改办的，学校内部依然是以普通教育为主，职业教育为辅。到了20世纪90年代，学校虽然也新增加了中专部分，开办了多样的职业课程，但职业办学依然没有很好地开展起来，高中升学依然是学校紧抓不放的部分。直到今天，在学校的实际工作分配中，"高中部抓学习，中专部管纪律"依然是大家的共识。

第三章

21 世纪初县域教育不公平下的职高招生

学生是教育的对象，也是学校的主体。学生的来源及其构成，在某种程度上会影响学校的办学理念和实际的教育教学。这所学校公开地介绍：学校秉承"有教无类，因材施教"的教育思想，确立"真诚面对弱势群体，帮助每个学生走向成功"的办学理念，形成了普通高中、职业中专和劳动力短期培训三种办学形式，并且实施"分层教学、分类指导、职普渗透、逐步分流"的教学模式，目标是把学校构建成教育大超市和人才成长的立交桥，让各类学生在这里都能选择到适合的教育，人人都能成就一番事业。①

办学理念介绍中所言"真诚面对弱势群体"，着实令人感到非常不解。一个职业学校，在什么意义上会把所招收的学生称为"弱势群体"？这些学生怎么进入职业高中的呢？职业高中又如何能"帮助每个学生走向成功"呢？这一章先来分析 21 世纪初以来这所学校的招生困境，以及学生的来源及其构成，下一章我们再分析这所学校的教育和管理，以解答这些问题。

一、"职业教育面对的是弱势群体"

学校的办学理念是"真诚面对弱势群体，帮助每个学生走向成功"。这里的"弱势群体"，是否仅是一句宣传的话语呢？如果不是的话，具体是指什么？用"弱势群体"来表达或者来称呼具体所指，是否合适呢？

首先，可以肯定地说，这句话并不是一句简单的宣传话语，而是各种

① 来源：H 县职业高中网站，2011 年 6 月 20 日访问。因各地方网络信息一体化，H 县职业高中官方网络停用，此后改为通过微信公众号发布学校重要新闻。

会议上学校领导多次提及的，也是学校教师经常说的话。新学期开始，学生还未到校报到，学校就已提前召开全校教师会议，部署新学期教学工作。紧接着第二天，学校就召开"新教师培训会议"。我们支教团成员，作为新进教师，也参加了这次培训会议。一位副校长首先介绍了学校的发展历史和办学情况，其中就讲道："职业教育面对的是弱势群体，承认现实，但不能放弃。我们要善待学生，不让每一个学生掉队，帮助每一个学生走向成功……多招来一个学生，一个家庭就多一点希望，社会就可能多一个人才。"[①] 最后校长发言，开头就说：

以前的新教师，来了职高待了一年就走，职高都是差学生、坏学生，新教师来了很不适应……现在进入职业教育的学生，一个是成绩差，另一个是习惯不好。把一个坏学生培养好了比培养一个大学生，培养一个清华北大的都意义重大，他们最起码不会走向犯罪深渊，危害别人，也不会造成家庭的痛苦。新进的教师不要贬低自己。[②]

可见，在学校领导看来，职高学生的特点，一个是学习基础差、自信心差，另一个是习惯差，包括学习习惯和行为习惯。做职高老师不能以主流的升学和成绩标准来看待他们。若能培养好这些学生，对学生个人、家庭和社会都有重大意义，最起码其不会走向犯罪。这正是学校"有教无类""帮助每一个学生走向成功"的办学理念的含义之所在。那么，以"弱势群体"来称呼具有这样特点的学生，又是否合适呢？

"弱势群体"这个概念，一般是指由于某些障碍及缺乏经济、政治和社会机会而在社会上处于不利地位的人群，主要包括儿童、老年人、残疾人、失业者和贫困者，一般可分为社会性弱势群体和生理性弱势群体两

---

① 《新教师培训会议》记录，2008 年 8 月。
② 《新教师培训会议》记录，2008 年 8 月。

类。① 孙立平提出"传统意义上的弱势群体"和"改革中的弱势群体"的区别是："传统意义上的弱势群体，往往是由于自身生理、经历、家庭背景、文化等特征形成的。而'改革中的弱势群体'，则主要是在市场转型的过程中形成的……这个群体主要指下岗职工、失业人员、低素质人员、城市待业青年、打工者和农村贫困农民等。"② 目前在社会转型背景下，中国弱势群体的一个很重要特征，就是其同质性、集中性、群体性很强，共同表现是在现实生活中处于不利的状况，在市场竞争、社会和政治层面都处于弱势地位。

孙立平进而认为，弱势群体问题的解决，根本上要建立一系列的制度，尤其要建立公平、公正的社会秩序。③ 这就是说，如果能够说明进入职业高中的这些学生，并不是因为个体的原因，也不是因为自身生理、经历、家庭等原因，而是因为在社会转型时期某些社会结构或社会制度的变化而形成的，就可以称之为"改革中的弱势群体"。杨东平认为，乡村教育的薄弱和艰难，集中了我国教育公平的所有问题。"城乡二元、重点和非重点二元这种双重的二元结构，是影响我国教育公平的最基本的制度结构。"④ 而我国职业教育，恰恰一直身处城乡二元、重点和非重点这样不公平的二元结构之中，尤其是处于农村社会中的"职业高中"，更是长期处于职业教育体系和地方教育体系的边缘位置。

我国各类职业院校在招生和办学上，普遍面临不公平、受歧视的情况。如社科院 2007 年的调研报告指出，"目前，中国整个社会对职业教育

① 李倡平、孙中民：《试析弱势群体概念及相关研究的理论基础》，《当代教育论坛》2014 年第 5 期。
② 孙立平：《断裂——20 世纪 90 年代以来的中国社会》，社会科学文献出版社 2003 年版，第 255 页。
③ 孙立平：《断裂——20 世纪 90 年代以来的中国社会》，社会科学文献出版社 2003 年版，第 258 页。
④ 杨东平：《中国教育公平的理想与现实》，北京大学出版社 2006 年版，第 13 页。

比较歧视，对职业院校的认可程度并不高，职业技术教育长期以来被普遍认为是'二流的教育'，高职院校在中国的高考招生层次中位于第四或第五批次，高职的生源似乎是高考筛选下来的'劣品'……对于职业中专招收的学生，社会上也普遍认为，他们大都是不能考上高中或是没有希望考上大学的初中生"①。由于社会的歧视、职业教育培养质量的薄弱，以及相关政策法规不完善，中国职业技术教育院校学生尽管就业率较高，但学生就业普遍表现出信心不足。

就这所职业高中而言，如上一章指出，这所学校是在 1981 年新建的"城关完中"（第二年改为"城关高中"）基础上改办而成的。"城关高中"的建立，一开始即是帮助县重点高中分流普通班的教学任务，招收成绩中下的学生，以提升和凸显县重点高中的升学成绩。改办而来的"职业高中"，一直就是普通教育和职业教育并置，重视高中升学而轻视职业培训，以至于这所学校，既不是一所完全的普通高中，又不是一所完全的职业学校，在职业教育体系和普通教育体系中都处于边缘位置。在这种边缘位置中，H 县每年的中考招生，县高级中学优先招收成绩靠前的学生，这所职业高中就只能招收成绩靠后的学生，造成进入学校的学生普遍学习成绩差、习惯差。在当地人的观念中，现在进入职业高中的学生，与曾经的"城关完中"一样，仍然多是学习成绩差、贪玩打闹多的学生。因此，当地人戏谑地称职业高中为"完中完中，不玩不进"。这种情况，在 21 世纪初随着县域教育体系和经济社会的变动，显得更加明显，这所职业高中招收的更多是在初中被快慢班筛选下来的学生，招生数量和质量也不断下降。

---

① 潘晨光等：《中国职业教育：发展与挑战——来自中国社会科学院的报告》，《职业技术教育》2007 年第 21 期；潘晨光等：《中国职业技术教育的发展与挑战——基于全国 32 所职业院校的调查》，《中国人口科学》2007 年第 2 期。

二、县域教育体系变动下的招生困境

上一章指出自 20 世纪 80 年代，H 县职业高中、县高级中学和两所乡镇高中，这 4 所高中共同形成了全县高中招生的稳定格局，一直维持了近 30 年。到 2009 年，下面两所乡级高中已经相继衰落，一所已经停办，一所还在艰难维持，职业高中的招生形势也日益严峻，当地的中小学教育秩序也发生了重要变化。那么，近 30 年稳定的高中招生秩序，近年来是如何变动的？这种变动又如何影响了职业高中的招生困境形成呢？

（一）中小学合并后的"学生上移"

1997 年，H 县完成义务教育普及，几乎每个行政村都有一所村办小学。进入 20 世纪 90 年代，农村小学适龄人口逐年减少，部分农村小学生生源明显不足，办学艰难，一些学校面临关闭。H 县所在省教育厅 2000 年发布的《关于开展农村小学布局调整试点工作的通知》指出：

从 1999 年起，我省已进入初中适龄人口入学高峰期，小学入学人数开始下降、小学在校生将由 1998 年最高峰时的 1200 万人逐年减少，预计到 2010 年将减少到 690 万人左右，趋于稳定。据调查小学适龄人口入学高峰期过后，如不对小学布局进行调整，部分小学因在校人数减少，班级规模偏小，将会带来小学教育资源的巨大浪费。[①]

该县按照省教育厅文件，结合该县实际情况，在 2000 年开展农村中小学布局调整工作，2005 年初步完成了学校危房改造和布局调整工作，到 2007 年基本完成了全县中小学调整。表 3-1 显示了 H 县 1997—2007 年 10 年间小学基本数据的变化情况：

[①] H 县教育体育局文件，2000 年 10 月。

表3-1　H县 1997—2007 年小学基本情况统计表 [①]

年份	学校数（个）	班级数（个）	在校生数（人）	招生数（人）	毕业生数（人）
1997—1998	195	1079	34673	6741	5072
1998—1999	193	1081	34350	5727	5803
1999—2000	193	1073	33350	5565	6698
2000—2001	192	1055	31372	5384	7455
2001—2002	186	1031	30883	5171	7543
2002—2003	184	1094	33472	6230	8514
2003—2004	185	1018	31554	5617	7269
2004—2005	185	982	31204	6748	7852
2005—2006	185	958	33848	6462	6787
2006—2007	181	917	33472	6230	8514

从 1997 年到 2007 年，这 10 年里全县农村小学减少 14 所，班数减少 162 个。小学在校生数和招生数从 1997 年一直下降到 2002 年的最低点，此后又开始逐渐上升，但班级数和学校数都一直在减少。到 1997—1998 学年，小学平均班额为 31.6 个，2006—2007 学年，小学平均班额为 36.5 个，有所上升。再从城乡比例来看，农村中小学合并，大量学生不断上移，涌入乡镇或县城小学，使中心乡镇和县城小学人数急剧增加。这种变化给当地的教育系统带来了以下几个重要影响：

1. 农村学校和学生数量大量减少，教育质量下降

表 3-2 所示的数据显示了自 2003 年到 2010 年，县城民办小学、城关一小、王乡中心小学、王村小学四类小学在校生的变化。王村小学是一所位于王乡的农村小学，在校生人数不断下降，到 2010 年学校一、二、三

----

① 依据 H 县教育体育局每年基本教育指标统计数据报表编制而成。

年级仅有 35 人。而县城民办小学、城关一小和王乡中心小学在校生人数不断增加。农村小学人数减少和县城小学人数增加，形成了鲜明的对比。这样一方面造成农村小学逐渐凋敝，另一方面造成了县城学校的拥挤。这两个结果，都直接影响了农村和县城初高中的教学质量。

表3-2　H县四类小学 2003—2010 年在校生数变化 [①]

年份	民办小学（人）	城关一小（人）	王乡中心小学（人）	王村小学（人）
2003	0	1991	196	90
2004	1165	1522	193	99
2005	1991	1597	231	63
2006	1810	1582	212	67
2007	2227	1770	422	63
2008	2192	1932	446	62
2009	2354	1955	550	32
2010	2470	2021	509	35

（注："民办小学"是后文提到的"龙远公司"所建，是当地最具影响力的民办小学）

就农村小学而言，合并后的学校路途遥远，乘车相当困难，有的地方山路崎岖，交通不便，孩子们必须住校。家长大多外出务工，小学生住校需要大人看护，学校又缺老师，只能是班主任兼管学生的生活和学习，师资力量和教学质量都令人担忧。2007 年当地老年促进会向县教体局提交了一份详细深入的建议报告，指出了 H 县农村教育这种令人担忧的情况：

农村小学教师年龄偏大，教学任务重，身体素质差。我县农村小学教师平均年龄 49 岁，其中 50 岁以上 752 人，自 2002 年以后基本没有再补充新的年轻教师，他们身体素质普遍较差……尽管小学教师年龄大、身体

---

① 依据 H 县教育体育局每年基本教育指标统计数据报表编制而成。

差，但教学任务却十分繁重。在 X 河镇，包班教师每周都在 30 节课以上，每人至少要备五门课，每天至少要改四门作业。由于教学点分散，七八岁的孩子住在深山里，老师不仅要教课、辅导，还要料理食宿和保证安全，半夜还要送孩子上厕所，实在不堪重负。

民办转正数量多，知识严重老化。我县的农村小学教师中，有 903 人是 20 世纪六七十年代的民师转正，没有系统的学习教育教学理论，有的连拼音都读不清，更不要说开设英语、电脑、体育、音乐、美术课和利用多媒体进行远程教学。据调查，全县农村小学除个别乡镇中心完小外，基本没有开设英语和电脑课，购买的电脑都被闲置。[1]

可见，当地农村小学大量减少，仅有的教学点教师任务重，年龄偏大，知识老化，教学质量难以保证，这也直接影响了农村的中小学教育质量。这种情形就使一些农村的家长更不愿把孩子留在当地，宁可多花钱，到外面租房子，也要把孩子送到乡镇或县城里读书。一位在中心小学工作过的老师告诉我：

现在义务教育普及了，有钱的就想花点钱把孩子往县里送，花点钱在县城租个房子；稍微好点的送到乡中心小学了，在乡镇租个房子，没钱的家庭就只能把孩子放在农村的教学点上了，底下就剩散的教学点了。以前叫完全小学，每个村都有 1~6 年级，现在就叫教学点了，只有一、二、三年级了。虽然村村都有小学，都四五层楼高，但楼都没人了。像我们乡，以前有 17 个完全小学，现在就剩八九个小学了，人都往县里走了……初中我们乡中学，以前最多有 1000 人，现在都少很多了，学生都往县城跑了，底下的农村小学都基本垮了。[2]

---

[1] H 县老年促进会：《我县农村教师队伍令人堪忧》，2007 年 10 月。
[2] Y 老师访谈，Y20081121。

2. 县城入学人数增加，学校超大班额教学

随着县城规模扩大，加上大量农村学龄人口涌入县城，县城入学压力增大，县城原有的办学规模已经难以满足人们的入学需要。因此，在农村中小学合并后，县城部分学校也进行布局调整，同时在县城新建了小学、中学和高中。当地老年促进会的建议报告，可以帮助我们了解当时县城学龄人口的入学压力以及给县城中小学教学带来的影响：

小学：县城现有小学5所、教学班71个，在校学生5400人，平均班额77人，最大班额116人，远远超过国家规定的小学班额45人的标准。按撤县建市发展规划，3~5年后，县城人口将增加到13万人左右，按小学生占总人口数的9.6%计算，小学在校生将达到12500人。就现有小学的规模，根本无法容纳万名小学生在校就读。

初中：县城共有一中、二中和联心中学①（初中部）3所，教学班54个，在校学生4340人，平均班额80.4人，最大班额102人。一中地处老城区，占地面积11亩，发展空间受限。二中生源压力大，班额严重超员，按照"两基"巩固提高的要求，小学毕业生需全部升入初中，届时县城初中在校生人数达到6250人左右，初中教育资源将显得尤为短缺。

高中：全县有高中5所，其中县城3所，为县高、县职高和民办学校（高中部）。共有教学班91个，学生6050人，平均班额66.5人。而我县现有高中数量少、规模小，已成为教育发展的"瓶颈"。H县高中有教学班42个，学生3000人，平均班额71.4人，最大班额105人。职业高中有教学班39个，在校学生2325人，平均班额59.4人。联心中学高中部高一年级10个班（高二、高三尚未招生）共有606人，平均班额54.8人。②

小学平均班额77人，初中平均班额80.4人，高中平均班额66.5人，

① 2003年建立的民办中学，2009年停办。
② H县教育体育局：《关于县城学校布局调整的可行性论证报告》，2004年8月。

县城学校在 2004 年的时候就非常拥挤了，尤其中学最为严重。随着时间的推移，义务教育的普及，高中教育的普及，中小学的超大班额就会逐渐传递到县城高中学校。这份报告进而指出：

近几年全县每年初中毕业生在 6000 人左右，随着经济社会发展，人民群众要求子女接受高中教育的愿望日益强烈，按 H 省政府要求，2010 年要普及高中教育，届时全县高中年招生能力要达 6000 人左右，在校生规模为 18000 人左右。目前全县五所高中，最大容纳能力只有 8000 人左右，李乡、刘乡两所高中已无法扩张，90% 的初中毕业生走向县城高中，而县城三所高中最大容纳能力不足 7000 人，因此扩大县城高中规模已经刻不容缓。[1]

可以看出，农村中小学合并，不仅直接影响了农村教育，而且影响了县城的中小学。随着时间的推移，进而影响到县城高中。农村教育令人担忧，教育质量下滑，而县城又超大班额教学，也无法保证教学质量。中小学合并影响了整个县城的基础教育质量，又进而影响到全县的初中、高中教育。职业高中的生源质量逐步下降，与中小学布局调整有极大关联。

可以说，中小学合并调整，实际上并没有很好地节约教育资源，一些被撤销的农村小学，曾经都是"普九"时乡村集体和村民花人力气集资修建的，"村小"是村里条件最好的建筑，而现在很多却人去楼空，闲置无用。合并后的农村学校，又要投资扩建为寄宿制学校，县城也要投入经费新建学校以缓解县城的入学压力，这让本来就捉襟见肘的当地教育经费更加紧张。在这种背景下，政府鼓励社会和民间资本投资办学，就成了缓解资金压力的一个重要方式。

---

[1]　H 县教育体育局：《关于县城学校布局调整的可行性论证报告》，2004 年 8 月。

（二）民营办学带来的招生竞争

为鼓励和支持社会力量办学，立足 H 县教育和经济状况，2003 年县政府制定出台了《关于加快发展民办教育的实施意见》，规范社会力量办学，并在土地审批、办学管理等方面给予民办机构一系列优惠政策。2003年联心中学的建立，标志着社会力量办学在 H 县正式开始。[①] 与此同时，其他的民营机构也纷纷抢占 H 县的教育领域，投资圈地、兴办教育，从幼儿园到高中都有介入。[②]

虽然是民办教育，但因为某些原因，当地主管部门对待民办机构，有着不同的待遇和规定。有的完全是民办的，学校建设、教师工资都是由民办机构承担，自负盈亏，如联心学校；但有的却是民办公助，管理运营是民办机构，学校教师工资却是政府发放，这就对不同的民办机构产生了不同的影响。最先投资当地民办教育的联心学校，是完全民办，学校自负盈亏。学校从 2003 年 8 月开始办学，到 2007 年底就停办了，直接原因是学校生源下降，教师工资拖欠，效益一再下滑，办不下去了。该学校负责人长期不在 H 县，学校管理也不是很完善，最终在 2009 年，学校被地方政府停办。[③]

与此同时，另一个民营公司也投资 H 县教育领域，这就是当地家喻户晓的"龙远公司"。该公司于 2002 年正式成立，到 2011 年公司辖 7 个单位，其中有 4 个单位都是 H 县教育领域目前最具影响力的学校，这 4 所学校正好分别是全县目前最具实力和影响力的幼儿园、小学、中学、高中。所辖的这 4 所学校都是"民办公助"，政府不仅发放这些学校的教师工资，还在设施建设、招生政策方面给予极大的支持。比起同类的民营学校，该

---

① H 县教育体育局：《关于申办 H 县新联学校的报告》，2003 年 2 月。
② H 县教育体育局：《关于支持和促进非公有制经济工作情况的自查报告》，2003 年 8 月。
③ X 市教育局：《关于同意 H 县民办学校停止办学的意见》，2009 年 3 月。

公司在教师工资上节省了大笔开支。该公司在当地教育界举足轻重，其他的民营办学机构是无可竞争的。这种"民办公助"的学校，不仅对同类的民营教育机构是个冲击，对当地正规的公办教育机构来说，更是一个重大的冲击。这种冲击，完全改变了当地从农村到县城，从幼儿园到高中的教育秩序。民营办学赢得大量的商业利益，不顾当地的教育发展，遭到了当地人士的激烈批评：

> 不正当竞争，挖空了九年义务教育基础，加重了农民负担……民营学校为追求效益最大化，采取了许多不正当竞争手段，如从农村中小学选骨干教师，选择优秀学生等，导致农村教育质量越来越差，也使家长、学生和社会丧失了对农村教育的信心，纷纷到县城租房供子女上学。高山河中学去年秋季因大量老师被民办三中选调，致使学校无法开课；仅茶畈乡2006年就有123名学生被三中和联心等学校挖走，致使今年全乡初三学生只有18名，无法办学只好合并到职业高中。

> 民营学校以优厚待遇挖走骨干教师和优秀学生是为提高成绩，追求高升学率。一方面打乱了"普九"教育资源的均衡配置，造成浪费；另一方面加重了农村农民的负担。据调查，一名学生在乡下上初中一般每学期只需500元开支，而转到县城民营学校一般需要4000多元。再就是农村学校学生被挖走，学校办公经费减少，难以为继，如此反复恶性循环。[①]

这份报告，非常清晰地指出了龙远公司建立的民办小学和民办中学对当地教育秩序的影响，尤其是三中采取不正当竞争，利用优厚条件强挖优秀的学生和教师，严重破坏了农村的中学教育，影响教育教学质量。表3-3指出了民办三中建立后，对其他同类公办学校在校生数的影响：

---

① H县老年促进会：《我县农村教师队伍令人堪忧》，2007年10月。

表3-3 H县四类中学2003—2010年在校生数变化 [1]

年份	城关一中(人)	王乡中学(人)	田乡中学(人)	民办三中(人)
2003	1539	912	332	
2004	1393	807	256	
2005	1429	743	192	
2006	1459	701	164	2882
2007	1614	434	148	2779
2008	1649	478	142	3737
2009	2105	562	155	2858
2010	2681	596	164	3789

王乡中学和田乡中学在三中建立后，在校生人数都大量下滑。田乡中学三个年级的在校生人数在2010年总共才164人，比2003年少了近一半人。王乡中学也少了近一半人，尤其在2007年、2008年人数下降到最低点。人数的增减变化，还仅仅是表面的影响。对农村中学来说，在这种不利的形势下，要勉强维持升学，只能在这些留下的学生里再次筛选、再次分流。一位在农村中学工作过的老师介绍：

2005年的时候带学生，班里还没分快慢。2006年、2007年三中的高中分校建了后开始挖学生。小学就开始挖，然后到初中。挖老师，也挖学生。挖十个老师，一个老师带十个学生的话，就可以带100个成绩好的学生。这是头一年，给老师分名额，你带了学生，你就可以到三中来。刘湾中学每个年级4个班，一共160人，三年后就剩100人，六七十人就没了。2006年三中就开始招生，下半年乡下学校成绩就大幅下滑…… [2]

---

① 依据H县教育体育局每年基本教育指标统计数据报表编制而成。

② A老师访谈，A20090326。

长此以往，农村中学优秀的学生和教师都被抽走了。农村中学为了维持仅有的升学，再在剩下的学生中分快慢班。到了初三，中考升学的压力使一些中学集中力量紧抓快班学生，就不管那些慢班学生了。这些学生还占大多数，中考前就被放弃。在此情况下，职高为了保证自己的生源，就提前在各中学，尤其是农村中学招生，招收这些慢班的学生。这些学生的基础和习惯，在很大程度上影响了职高的教学和管理。

（三）数量质量下降的职高招生

2007年，龙远公司抓住县政府要扩建县高中学校的机遇期，又投资县高中后勤，并建立高中分校，公办民营开始招生。这可以说直接影响了职业高中和下面两所乡级高中的招生和存亡。一所乡级高中的关闭，以及职业高中生源数量和质量的下降，和这种不正当竞争有直接关系。表3-4所示为县高中、职高和刘乡高中三所学校从1997年到2010年的招生数。

表3-4　H县三所高中1997—2010年招生数的变化①

年份	县高中（人）	职高（人）	刘乡高中（人）
1997	344	409	137
1998	352	491	500
1999	373	500	132
2000	420	610	125
2001	601	827	100
2002	959	717	120
2003		947	
2004		1184	
2005		1298	
2006	1574	1587	60

---

① 数据来源：教育体育局每年教育指标数据报表。

年份	县高中（人）	职高（人）	刘乡高中（人）
2007	1637	1613	78
2008	1427	1200	180
2009	1680	1308	20
2010	1750	1338	50

在表 3-4 所示的三所学校的招生数中，在 2002 年之前基本上都保持着稳定的比例，虽有个别增长，但相对稳定。从 2003 年开始，职高的招生数开始每年以 200 人的数量递增，一直递增到 2007 年。县高中的招生数也在缓慢地增加，从 2002 年的 959 人增加到 2010 年的 1750 人。而刘乡高中从 2004 年前后开始人数大幅减少，虽有 2008 年的反弹，但 2009 年仅仅招了 20 人，2010 年招了 50 人，随后就被迫关闭了。该数据中，县高中从 2007 年建立高中分校，虽然两个学校一个是公办，一个是民营，但对外说是捆绑在一起的，利用县高的名声和民营资本招收学生。从 2008 年开始，县高中招生数量不断上升，而职高的招生数开始下降。这样，就出现了县高分校抢职高生源，职高又抢乡镇高中生源的现象，层层往下，年年加重，造成乡镇高中生源日益减少，以致关闭。自 1983 年全县布局调整后形成的 4 所高中划片招生格局，就此瓦解了。

此前，尽管职业高中处于不公平的招生政策中，但有文科的优势以及一些优惠政策，还是能够吸引少数成绩靠前的学生。加上学校分类办学的思路和严格管理的风气，还是能够保证稳定的生源数量的。学校承诺中招成绩进全县前 300 名的学生，若到职高免收 3 年学费和住宿费；对中招成绩进全县前 301～600 名的学生，免收 3 年学费。这对那些接近但还没有达到县高中录取分数线的学生来说极为有利。他们大多来自农村，如果上县高级中学，每年就得交高额费用。如果来职高，他们不仅可以免交高额费用，进校后还能直接被编入实验班、重点 A 层班，是学校的重点培养对象。

不过，这种优势随着 H 县招生形势的日趋激烈，也逐渐受到挑战。县高分校虽没有职业高中的国家补助，但其因为有背后强大的民营资金支持，分数线这几年一降再降，并且大力资助奖励学生。县高分校（2014 年改为 H 县第二高级中学）的建立直接威胁到职高的招生。随着优惠资助的优势减弱，以前职高 A 层班水平的学生现在都到分校了，生源质量逐步下滑，可以说每年全县中招排名后一半的学生基本都进入了职高，排名前一半的学生绝大多数进入了县高和分校。近些年，H 县中招考试，总分是645 分，每年全县中考人数约为 3000 人，县高级中学（包括新成立的县高分校）招收中考排名在 1500 名之前的学生，而这所职业高中以及一所乡镇高中，只能招收中考成绩在 1500 名之后的学生，其中职高能招收 1300名学生，另一所乡镇高中招收不到 200 名的学生。

这种挤压趋势，近几年日趋明显。H 县职业高中 2017 年公开的招生简章显示，学校高中班共计划招生 1500 人，其中实验班 2 个，规定是招收中招成绩 487 分及以上的学生。[1] 也就是说，这所职业高中集中优势力量办的高中实验班，所能招到的中考成绩靠前的学生，顶多也只有 2 个实验班 100 人左右，而且分数线划定在 487 分，远远低于总分数线。即使划定的实验班分数线已经很低，但是否能招满 2 个班，是否能足够吸引成绩靠前的学生到职高来，也很难保证。

我们再来把职高的招生分数与近两年县高级中学、县高分校的中考招生分数进行比较，就更能感受到这种巨大的等级差异。2020 年县职高中考招生简章显示，高中班增加了实验班计划，只招生 1 个班级，招生成绩在

---

[1] 来源：《H 县职业高中（中专）2017 年招生简章》，"H 县职业高中"微信公众号，2017 年7 月。

395分以上，比2017年实验班招生分数487分低了近100分。[①]2020年县高分校的招生说明，对新生预录取分数线的要求只是一句话："预录取文化课最低控制分数线390分。"[②] 这说明县高分校中招的最低录取分数线几乎达到职高实验班的最低分数线了，这无疑争夺了职高原来A层班和B层班的学生。2020年县高级中学的招生说明，关于"报名条件"也只有一句话："凡中招总分在504分以上（含政策性加分）、省级示范高中志愿只报考县高级中学的学生。"[③] 可见，县高级中学的招生要求直接规定最低分数线为504分，这比职业高中实验班招生分数还多了100分。县高级中学，甚至可以面向全省示范高中招收优秀生源，根本不用考虑生源数量的问题，更多的是考虑生源的优秀程度问题。中考招生起点的不公平，直接决定了3年后3个学校高考成绩的巨大差异（后文会详述）。

以此，我们可以想见两所学校中考招生巨大的等级差异了。这种巨大的等级制，深刻影响了两所高级学校的高中升学成绩。县高分校建立之后，职高在生源数量和质量上面临严峻的挑战，这直接影响了职高学校的教育管理方式。针对这种县域教育体系变动影响下的职高招生困境，学校一位老师有感而发说：

普通教育和职业教育同等重要嘛，普通教育搞升学，职业教育搞就业，显然现在不是这样的，但你的牌子在这呢，你不能砸了……H县的高中到底怎么办，他的布局，他的格调，职教和普教比例，是不是与国家的政策相否。其次，我们的初中教育非常重要，办不好直接影响高中的教育质量。你这样搞乱初中教育，不利于全县的初中教育质量共同提高。[④]

---

① 来源：《H县职业高中（中专）2020年招生简章》，"H县职业高中"微信公众号，2020年7月。
② 来源：《H县高级中学报名须知》，"H县信息网"，2020年7月。
③ 来源：《H县高级中学报名须知》，"H县信息网"，2020年7月。
④ E老师访谈，E20090306。

　　由此可知，民办公助的办学形式不仅严重影响了高中的教育格局，还影响了中学的教育格局。在中考升学的竞争格局下，从小学到中学不断划分快慢班，势必会出现更多因在慢班而放弃学业的学生，这些学生还想继续上学，就只能由职业高中招收这些学生，这就进一步影响到职高的教学管理和升学就业，也使近些年学校高考成绩不断下降（下一章分析）。

三、县域社会中的留守儿童

　　作为一种学校类型，"职业高中"不仅与职业教育、地方教育体系密切相连，也与所处的地方社会密切相关。不像技术学校和中专学校设在城市，职业高中从一开始就设在农村地区，它的生源、教学和就业，与乡村地区的经济社会发展紧密相关。H县职业高中的学生被称为"弱势群体"，一个是因为学习基础较差，另一个是因为行为习惯较差。如果说学习基础较差，与21世纪初以来县域教育体系的变动密切相关，那么学生的行为习惯较差，在某种程度上就与21世纪初以来县域经济社会的变动有关，这种影响就表现在当地大量的留守儿童这一群体上。

（一）外出务工与留守儿童

　　早在20世纪80年代，H县开始有组织、有计划地转移农村富余劳动力，主要向国内各大建筑公司、沿海发达地区输送农民合同工，至1992年累计向国内输送农民合同工2万多人。1999年以后，H县国内劳务输出主要靠群众自发组织，全县每年在国内劳务人员6.8万人以上，占农村富余劳动力总数的72%。[1]1992年以后，国内劳务市场趋向饱和，县劳务公司通过中介公司向国外输出劳务人员，输出规模不断扩大，每年在国外务工人员达3000人。[2]H县劳务输出已走向全国、走向世界，劳务经济已成

---

① H县地方史志编纂委员会：《H县志 1986—2005》，中州古籍出版社2012年版，第333页。
② H县地方史志编纂委员会：《H县志 1986—2005》，中州古籍出版社2012年版，第332页。

为当地重要的支柱产业。

据统计，到 2005 年，全县有劳动力 240352 人，占总人口 354180 人的 67.9%。从事第一产业劳动力 164865 人，占 68.6%；从事第二产业劳动力 31435 人，占 13.1%；从事第三产业劳动力 44052 人，占 18.3%。外出务工半年以上的劳动力 120837 人，占总劳动力的 50.3%。[①] 当地常年平均有一半的劳动力都外出务工，甚至有的乡镇和村庄劳动力外出比例达到 70% 以上。这就出现了大量的留守儿童和妇女老人，当地人称当地有一支"6199"部队（六一儿童节和九九重阳节）。大量父母外出务工，对孩子影响最大，给当地的学校也带来很多影响。

对当地学校来说，大量人员外出务工首先带来的是较高的学生流失率，从小学到高中都有不同程度的存在。这种情况在 20 世纪 90 年代外出务工兴起时，表现得非常明显。该县一份 1993 年的《学生流失情况调查报告》就指出，学生流失的主要原因就是劳务输出，高中、初中流失学生的 70% 都是外出搞劳务，20% 的学生是因家庭困难交不起学杂费，10% 的学生是升学无望厌学、弃学。[②] 报告具体指出，自上一年秋季学期到当年 4 月，共失学 1790 人，其中：

初中、高中学生流失率均高于全省 5.5%、全区 7.9%。（1）小学学生流失情况，1992 年秋，全校在校小学生为 28665 人，今春实际到校 28486 人，流失 179 人，占 0.62%，略低于全省、全区平均数。（2）初中学生流失情况，1992 年秋季在校初中生 10667 人，今春实际到校 9394 人，流失 1273 人，占 11.9%。（3）高中学生流失情况，1992 年秋在校生 2796 人，今春实际到校 2358 人，流失 438 人，占 15.6%。流失学生最多的是二职高，占 41.5%，其次是刘乡高中，占 33.1%，县职高占 17.4%，李乡高中占

---

① H 县地方史志编纂委员会：《H 县志 1986—2005》，中州古籍出版社 2012 年版，第 310 页。
② H 县教育体育局：《H 县中小学生流失情况及主要原因》，1993 年 4 月。

7.9%，县高占 1.1%。[1]

　　由此报告可知，在当时该县初中学生流失率为 11.9%，高中学生流失率为 15.6%，均远远高于全省 5.5% 的平均水平。全县高中学生流失率高于初中，初中高于小学，学生年龄越大流失越多，越容易外出打工。在全县几所高中里，流失率最多的是"二职高"（H 县把一个乡初中改办为二职高，人数少，学校维持时间较短）和刘乡高中，分别为 41.5% 和 33.1%，远远高于该县高中 15.6% 的平均流失率。而县职业高中的流失率为 17.4%，也是非常高的，流失了 74 人，相当于一个班的人数。

　　大量父母外出务工，致使家庭监管和家庭教育缺乏，很多孩子成为留守儿童。该县 2007 年《全县中小学安全工作情况的调查报告》就指出："当前，我县中小学中，留守儿童约占 35%，由于监护人的缺失，造成留守儿童安全工作网络不够健全，致使家庭成为留守儿童教育工作的薄弱环节。"[2] 可以看出，该县中小学 35% 的学生为留守儿童，而留守儿童的教育工作非常薄弱。这给当地社会和学校的安全教育工作带来极大压力。该县 2007 年《全县中小学安全工作情况的调查报告》具体指出，"在 2002 年至 2007 年，县人寿保险公司每年理赔学生意外伤害案件在 230～280 件之间，交通、摔伤、疯狗咬伤、溺水案件居高位，从事故发生地看，大部分发生在农村中小学，出事学生大都是父母双方或一方在外务工的留守青少年或单亲家庭孩子，95% 以上的事故发生在校外"[3]。留守儿童的安全问题已经成为我国一个严重的社会问题，在全国各地，留守儿童溺水、触电、打斗等意外伤害事件屡见不鲜，甚至被拐卖、被侵犯的恶性案件也时有

---

① H 县教育体育局：《H 县中小学生流失情况及主要原因》，1993 年 4 月。
② H 县教育体育局：《全县中小学安全工作情况的调查报告》，2007 年 11 月，第 6 页。
③ H 县教育体育局：《全县中小学安全工作情况的调查报告》，2007 年 11 月，第 4 页。

报道。①

此外，外出务工导致父母和孩子长期分离，父母关爱与教育缺失，隔代的监护人照顾不周、教育意识薄弱，进一步影响了孩子的学业和性情。H县职业高中的一位学生，讲述了父母外出务工对他成长和行为习惯的影响：

> 到了五六岁时，爸爸妈妈就到外地去打工了，把我放在爷爷家里，爸妈一出去就是一两年，现在想起他们都那么辛苦，我非常难过。因为学习不好，没给爸妈争气，在爸妈不在家的两年里，我每天都在外面野，玩水、上树、抓鱼，每天出去玩就穿一个小裤衩，背心也不穿。爷奶也不说，因为那时我还小。就这样日积月累，我由白变黑，像是黑人，最后在7岁时，爸妈就回来了。妈妈看见我后都不认得了，以为是别家的孩子，最后才知道，当天夜里就哭了，从此以后就再不出去打工了。从小妈妈就非常疼我，从此以后妈妈就没有出去了，就在家里管教我。可是我改不了性，每天就想往外跑，因此妈妈就把我关在家里，我就哭，她也心疼，就把门打开了。这天夜晚妈妈又流泪了，这都是为我而流泪的，因为我现在都玩野了，现在想起来真后悔。②

孩子无人监管，每天在外玩耍，长期积累就贪玩成性。即使父母回来之后，依然"改不了性，每天就想往外跑"，影响学业。在父母长期不在家的情况下，学校就成为照看学生和教育学生的重要场所，学校教师就成为学生日常管理和关怀陪护最密切的人。

（二）留守儿童与学校教育

关于学校教育对农村留守儿童影响的重要性，叶敬忠、潘璐关于中国

---

① 叶敬忠、潘璐：《中国农村留守人口之留守儿童：别样童年》，社会科学文献出版社2014年版，第379页。
② 学生L访谈，LW20090506。

农村留守儿童的研究指出，"可以说，除了外出务工的父母、监护人之外，学校和老师是留守儿童身边联系最密切的群体……学校作为留守儿童成长过程中最为重要的环境之一，在家庭教育职能弱化的情况下，既要发挥其固有的教育职能，还要代替家庭承担的'照管未成年人'的职能"[①]。这一点，在H县农村小学体现得非常明显。

前文指出，当地农村小学合并后，有的地方山路崎岖，交通不便，孩子们必须住校。家长大多外出务工，小学生住校需要大人看护，学校又缺老师，只能是班主任兼管学生的生活和学习。当地一位中心小学校长告诉我，他每天的主要精力就放在安全管理上，因为中心小学寄宿学生较多，除了日常教学，还要负责学生食宿，各种安全隐患层出不穷，都要操心，极费心思。此外，乡中心小学现在要负责全乡的村小和教学点，下面教学点又很分散，所以还得操心下边很多分散的教学点的安全。

以此可见，农村小学和学校教师，在日常的教学之外，还承担了日常照看学生和安全管理的责任。学生家长外出务工，把孩子的管理责任推给学校，一旦出现什么意外事故，家长和上级部门就第一时间责问学校，学校教师也深感管理压力巨大。很多农村学校教师认为，在外务工的父母和目前的监护人把教育儿童的责任寄托在学校身上，尽管学校也是关爱留守儿童的一个重要行动群体，但不能完全取代家长，更不能完全承担责任。[②]尤其是全国各地校园安全管理日益受到重视，学校教师的管理责任也日益重大，安全意识和安全管理就深入校园的每个细节。

来自农村小学的管理压力会逐渐上移到初中。前文也指出，当地农村小学合并之后，教育质量不断下降。这种情形使一些农村家长宁可多花钱，

[①] 叶敬忠、潘璐：《中国农村留守人口之留守儿童：别样童年》，社会科学文献出版社2014年版，第358页。

[②] 叶敬忠、潘璐：《中国农村留守人口之留守儿童：别样童年》，社会科学文献出版社2014年版，第366—367页。

到外面租房子，也要把孩子送到乡镇或县城里读书。当地县二中，就集中了大量的农村学生，尤其是有留守背景的学生。当地 2007 年的《全县中小学安全工作情况的调查报告》就指出："县二中，据统计，进城就读的留守儿童中 80% 转入该校就读，由于二中没有食堂和学生宿舍，这些转校生都租住在学校附近和火车站附近的出租屋中，监护人职责履行不到位，安全隐患大……"[①] 在进城就读的留守儿童中 80% 转入该县二中，加上学校没有学生宿舍，需在校外租房，监护人兼管不到位，给学校管理带来极大压力。

如果说农村小学主要承担留守儿童的照料责任，那么进入中学面临中考升学压力时，这些留守儿童就不得不面对学校层层的分流机制。叶敬忠、潘璐的研究也指出，在农村学校的升学压力下，教师在教学过程中只重视成绩好的学生，而忽视或放弃对成绩差的学生的教育和管理，从而导致学习成绩不好的"留守儿童"我行我素、行为随意或自暴自弃；留守儿童在心里对学校分快慢班反应最强烈，部分留守儿童非常希望教师不要歧视学习不好的学生。[②] 在小学阶段，学生成绩都差不多，都是基础课。而到了中学，随着升学和竞争压力增大，尤其是初三开始分快慢班，学校教师也以成绩作为衡量学生的唯一标准。我所接触的职业高中里，有很多高一和中专的学生反映在初三分快慢班，老师只关注前 20 名的学生，后 20 名学生基本不管，很多学生就慢慢自我放弃、随意玩闹了。

县城初中和农村中学的初中生，在初三分流机制下，很快就被分流出成绩好的与成绩差的学生。这些大量的留守儿童，少量成绩好的可以进入快班受到老师重视，而很多成绩中后的学生就被分流出来，不受学校和老师的重视。这些被分流出来的慢班学生，年龄还小，家长外出务工，就希

---

① H 县教育体育局：《全县中小学安全工作情况的调查报告》，2007 年 11 月，第 7 页。
② 叶敬忠、潘璐：《中国农村留守人口之留守儿童：别样童年》，社会科学文献出版社 2014 年版，第 360—361 页。

望在学校先继续待着。对于外出务工的家长来说，孩子初中毕业，尽管成绩不好，但家长不在，年龄还小，就只能让孩子去职业高中继续读书，待在学校里不出事就行了。一位外出务工的家长对我说：

现在送他上学，其实咱这当地人都明白，你高中考不上县高，就说明你基础不好，学习差，但他还小，就先学着。我们经常也不在家，放在家也没人管，就让他在学校先学着。他学得好，凭他本事以后能在外面立足，混好了那更好，学不好回来也还有房子，还有这几亩地，也都是他的了。[1]

由此看来，学生家长也是期望职业高中能暂时管着孩子。职业高中通过春季提前招生和降低分数，实际招收了大量全县中考成绩靠后的学生，也给职业高中的安全管理带来了压力。来自县二中，在春季招生进入这所职业高中的学生告诉我：

五年级到现在（初三毕业），我就一直一个人在家。但好多同学都特别向往我这种生活，说你爸妈都不在家，放假了想干吗就干吗，多么自由。我当时就心想，如果你爸妈不在的话，你第一天会感觉到很舒服，但时间长了，你就会感觉到……好失落啊。是吧！[2]

这位学生，小学阶段跟随在外务工的父母在广州的小学就读，到了初中就回到本县城读书。县二中没有学生宿舍，这位学生从初一到初三一直在校外自己租房，父母一年回来一次，每个月寄生活费。父母不在身边，这位学生常常晚上外出通宵上网，白天在学校昏睡，3 年就这样荒废了。因为职业高中提前招收初三升学无望的学生，他得以进入职高。在职高曾两次想退学，但在父亲的劝导下，还在上学。当地 2007 年的一份《全县

---

[1]　学生家长访谈，2009 年 11 月。
[2]　高中学生 W 访谈，WQ20110802。

中小学安全工作情况的调查报告》就指出，"县职业高中，近几年来，按政策职高可以提前招生，一些学习成绩和平时表现较差的学生被家长提前送到职高，占学生总数的 30%，增加该校学生的管理压力"[1]。这么多成绩较差的学生，进入职业高中，就给学校的安全管理和教育教学带来了很大压力。

这所职业高中 2006 年开始春季招生。学校每年在中考前的 3 月在全县各中学开始宣传招生，承诺学生春季入学，不需参加中考就可以进入职高，学习专业技术，秋季可以直接上高中。所招的这部分学生被称为"小学的水平，幼儿园的纪律"，他们在中学成绩就很低，是全县中学老师最为头疼的一帮孩子，每年这个时候就盼着职高赶紧招走。这些学生也担心考不上高中，就提前来职高了，希望到这里能学一技之长。3 月底进校后，统一编为春季招生班，9 月正式编为中专班（后文对此详细分析）。

当然，还需要指出的是，本书这里所用"留守儿童"的概念，是从学术讨论的意义上来说，不具有任何标签化的色彩。已有关于中国农村留守儿童问题的研究指出，留守儿童通常指的是年龄在 18 岁以下，父母双方或一方外出务工，留在家乡学习的儿童；我国留守儿童整体上有人口数量大、监护弱化、家庭教育缺失，学业不良、心理孤独、社会扶持程度低、受同辈群体影响大等特征。[2] 在父母外出务工的情况下，留守儿童的成长风险非常突出。"人身安全、行为偏差、心理创伤等儿童成长中的不稳定因素并非在所有留守儿童身上都有所体现，但却真实地反映了留守儿童在父母外出务工后成长风险的明显增加，这些风险已经威胁到他们的健康成长。"[3]

---

[1] H 县教育体育局：《全县中小学安全工作情况的调查报告》，2007 年 11 月，第 7 页。

[2] 潘璐、叶敬忠：《农村留守儿童研究综述》，《中国农业大学学报（社会科学版）》2009 年第 2 期。

[3] 叶敬忠、潘璐：《中国农村留守人口之留守儿童：别样童年》，社会科学文献出版社 2014 年版，第 387 页。

"留守儿童"原本是一个人口学使用的中性词语，但在新闻媒体与部分民众观念中，逐渐与"不懂事""没人管教的野孩子"等明显贬义的情感色彩联系起来，逐步被标签化。学校有时也把"留守儿童"与"问题学生"联系在一起，逐渐与"爱打架""缺少家教"联系在一起，成为一个群体化的标签。[①]据调查，81.7%的留守儿童表示不喜欢这个称呼，认为是贬义、伤自尊的称呼。[②]可以明确地说，"留守儿童"不等于"问题儿童"，两者在本质以及成因上都有极大不同。"留守"只是一种因父母工作迁移带来的现象，它本身并不能直接使留守儿童出现问题和偏差，留守儿童的大部分行为只能算作不良行为，而不是如"问题儿童"那样有一系列生理和心理的症状；留守儿童的不良行为是因暂时性的家庭变化而出现的不适应，而不是长久的、很难医治的"问题儿童"。[③]

因此，立足已有研究观点，并结合本书分析来看，进入这所职业高中的有留守经历的儿童，以及中国农村更多的留守儿童，是需要家庭、学校和社会共同来关注和关爱的。正如叶敬忠、潘璐关于中国农村留守儿童的研究指出：

相对于非留守儿童而言，农村留守儿童是一个弱势群体……留守儿童可能会在父母外出之后出现种种不适应和不良的行为习惯，诸如由于缺少监督和自我约束而有贪玩调皮、不思学业，甚至撒谎骗钱、打架上网等顽劣行为。但是出现这种行为的留守儿童只是少数，大部分留守儿童所表现出的仅仅是暂时性的不适。因此，农村留守儿童不等于问题儿童。留守儿

---

① 叶敬忠、潘璐：《中国农村留守人口之留守儿童：别样童年》，社会科学文献出版社2014年版，第389—393页。

② 叶敬忠、潘璐：《中国农村留守人口之留守儿童：别样童年》，社会科学文献出版社2014年版，第393—394页。

③ 叶敬忠、潘璐：《中国农村留守人口之留守儿童：别样童年》，社会科学文献出版社2014年版，第400—402页。

童需要全社会的关注、关爱、支持和干预……①

　　由此可见，自 21 世纪初以来，这所职业高中称招收的学生为"弱势群体"，一是因为学生学习基础差，二是因为行为习惯差。这些学生，部分有留守儿童的经历，从小缺失家庭教育，玩闹成性，在初中三年级快慢班的分流之下，被层层分流出来，逐渐进入这所职业高中。这所学校办学宗旨所言的"真诚面对弱势群体"，以及学校领导在各种会议中所言的"弱势群体"，确实说明了职业高中身处城乡二元、重点和非重点双重二元结构中的不公平处境，因此也需要学校、家庭和社会共同重视和关爱这些学生。

---

① 叶敬忠、潘璐：《中国农村留守人口之留守儿童：别样童年》，社会科学文献出版社 2014 年版，第 407 页。

第四章

分类、分层与分流的职高
教育

在招生不公平的情况下，职业高中通过提前招生和降低分数，可以保证生源，但如何把这么多成绩差的学生教育好，就是另一个问题了。在升学无明显优势的情况下，学校会采用什么样的教育理念和办学方式来教育这些学生呢？学校的简介说，学校形成了普通高中、职业中专和劳动力短期培训三种办学形式，并且实施"分层教学、分类指导、职普渗透、逐步分流"的教学模式，目标是把学校构建成教育大超市和人才成长的立交桥，让各类学生在这里都能选择到适合的教育，人人都能成就一番事业。①

那么，在什么意义上，学校的分类办学可以承担"有教无类"的办学理念呢？各种办学方式是如何具体实施的？在如此美好的教育理念和分类办学的设计下，学校实际的工作，为什么转为以安全为重心的管理模式呢？

一、"不是清华北大，胜似清华北大"含义之一

新学期开始，学生还未到校报到，学校就已提前召开全体教师会议，部署新学期的教育教学工作。当时已是8月底，学校里挂满庆祝的条幅，依然沉浸在7月高考的喜悦之中。在全体教师会上，校长热情洋溢地称赞了今年的高考成绩，他说："今年，我校过省专人数再创新纪录，突破千人大关，达到1100人，过线率88%。本科过线255人，较上年增加70%。×××同学夺得全县文科应届第三名。×××同学考上飞行员，被空军航空大学录取。不是清华北大，胜似清华北大，这是我校大力推行素质教

① 来源：H县职业高中网站。

育结出的丰硕成果!"①

最初在现场听到这句话时，作为学校新教师一员，我只是跟着台下教师一起鼓掌，而没来得及去想这句话的意义，顶多也只是认为这是校长讲话的一种修辞而已，以凸显学校优异的高考成绩。此后，校长在教师节庆祝大会，以及其他学校会议上，又多次提到"不是清华北大，胜似清华北大"这句话。对学校教学和管理工作参与越多，对学校所处的县域教育体系和经济社会中的位置了解越深，我就越发认识到这句话，并非仅是校长个人的修辞或者是宣传而已，而是表达了学校师生在长期不公平的教育体系中寻求出路的努力和不易。

这所职业高中，长期处在县城重点与非重点学校的等级结构，中考招录的只能是成绩靠后的学生，同时还要办普通教育和职业教育，能有学生考出本科一本线的分数，就已经是万难了，更不要说有考入北大清华的学生了。2008 年高考，有学生以一本线的分数，考入空军航空大学，可以说创造了该校高考成绩的历史。不仅如此，这一年该校多项高考成绩都是历史上的最好成绩。如 A 层 1 班过本科线 41 人，升学人数居全县文科班第一；A 层 1 班的文科综合、语文、数学、英语平均成绩均居全县应届班第一；本科过线 255 人，较上年增加 70%。因此，校长说"不是清华北大，胜似清华北大"，不仅是指有被空军航空大学录取的学生，也是指多项成绩的提升和突破，可以说是该校"大力推行素质教育结出的丰硕成果"。如果再与该校此后几年高考成绩下降，过一本线人数为 0 的成绩对比，2008 年的高考成绩对于这所学校来说，就更具有里程碑式的意义。

然而，这样的成绩若与同在县城，仅隔 3 公里的县高级中学相比，可

---

① 校长在之后的教师节庆祝大会讲话中又提到了该校当年的高考成绩，讲话内容刊登在 H 县职业高中校报 2008 年第 6 期。关于 2008 年该校高考成绩，也来自这一期校报。

以说是微不足道的。H县高级中学始建于1941年，至今已有70年的历史，不仅是市级示范性普通高中，还是省级示范性普通高中，并获选"中国县域百强中学"。这所高级中学，可以说是"北大清华"的"常客"。仅就近些年的成绩而言，该校2015年、2016年、2017年连续有学生考入北大清华，2019年还组建"清北班"，2020年更是有3位学生考入北大清华。2020年11月该校被列入"清华大学2020年生源中学"行列，2021年5月北京大学招生专家组到该校座谈。① 可以说，不管是从办学历史、学校等级，还是从升学成绩和学校声望来说，县高级中学都是远远高于职业高中，两所学校可谓"天壤之别"。

那么，不是"清华北大"高考成绩，怎么能具有"胜似"考入清华北大的意义呢？校长在其他会议上经常指出，在招生不公平的制度下，进入职业学校的学生，一个是学习基础差，另一个是行为习惯差，把这两个方面的任何一面改变了，都是很难的。把原本学习基础好、习惯好、成绩好的学生培养好，那是比较容易的，是"锦上添花"；而把原本学习基础差、习惯差、成绩差的学生培养好，那是难上加难，培养好了是"脱胎换骨"，培养不好，可能就会走向犯罪深渊，危害他人，也连累自己家庭。

因此，对这所职业高中来说，一个是成绩一个是习惯，一个是硬指标一个是软指标，这两方面中的任何一面只要有所改变，都具有"不是清华北大，胜似清华北大"的重要意义。这两方面的改变，在学校具体的教育教学中，就落在不同的办学方式和不同层级的班级上。成绩的改变和提升，是高中班每个年级实验班或重点A层班的任务，而其他大部分升学无望的班级学生，就只能在良好习惯和安全管理上下功夫了。这一章先来分析学校的分类办学和高中升学是如何开展的，下一章再来分析学校的安全管理是如何开展的。

---

① 来源："H县高级中学"微信公众号，2021年5月。

二、分数等级下的分类办学

"有教无类，因材施教"的理念，首先体现在学校设置的普通教育、职业教育和劳动力培训三种办学形式上。在实际的办学中，普通教育和职业教育的差别，不仅体现在升学和就业、知识和技能上，更重要的体现在分数上。

在新学期的全体教师会议上，学校布置安排新学期的教学工作。我们7名支教队员，都被分在高中部，而不是去职业中专部。一位队员被分配到高二年级教政治，其余6位队员都被分配到高一年级。我们所教的课程，或是政治或是历史，而不是语文、数学或英语这样的基础但重要的课程；我们也没有被分配担任班主任，仅仅是承担两三个班的教学任务而已；我们分到的班级，都是名为"种七""养七""种八""养八"的班级。在会议现场，当听到这些班级名称，我们对名称中的"种植"和"养殖"表示好奇，为什么一个高中班级的名称会以职业来命名？况且学校当时除了教学楼、宿舍楼、办公楼和操场之外，并没有可供种植和养殖的田地，这样的班级命名方式就更令人不解了。

不仅如此，在会议结束之后，我们很快就了解到，班级名称中重要的还不是这些专业称谓，更重要的是其中的数字。班级名称中的数字并不是平行排列的，而是赋有等级意义的，数字代表了某个班级在同年级的地位和等级。数字越靠前的班级，学生中考成绩越高，学校越重视，师资配置也就越好；而数字越靠后的班级，学生中考成绩越低，学校也就越不重视，师资配置也越弱。我们所分到的种七、养七、种八、养八的班级，都是中考成绩靠后的学生。我们不是师范类"科班"出身，也缺乏长期高中教学的丰富经验，而且仅在这里工作一年，学校也不可能让我们承担排名靠前班级的教课任务。

不论是学校的教师还是学生，从一进学校就进入学校"分类办学"和"分层教学"的办学体系之中。新生在入学时，就会根据中考分数，被分配到高中班或中专班，进一步会被分配到高中班的 A、B、C 不同层级的班级中。以 2007 年为例，职高当年计划招生 1550 人，其中高中班 20 个共 1200 人，中专班 5 个共 350 人。招收人数中，高中班人数占招生总数的 77%，中专班人数仅占 23%，说明该校学生的主体仍然是高中班学生，而不是中专班学生。在 20 个高中班中，A 层班 4 个，招收中考成绩进入全县前 1300 名的学生，文理科各两个班，是学校极为重视的升学班级；B 层班 15 个，招收中考成绩进入全县前 1301～2500 名的学生；体音美合 1 个班，分数再降 80 分，这个班名义上是"体音美"特长班，实际上是当年全县中考成绩靠后的学生，被集合在一起，也称 C 层班。

时过 10 年，到了 2017 年，职高按照中考分数来招生和分类办学的模式并没有发生太大变化。学校 2017 年公开的招生简章，详细说明了不同办学类别的招收分数、班级设置和奖励政策。2017 年关于招生政策的简章说明如下：

（一）高中班 1500 人，学制 3 年

1. 实验班 2 个，招收中招成绩 487 分及以上的学生。

2. A 层班 4 个，招收中招成绩 438～486 分的学生。

3. B 层班，招收中招成绩 337～437 分的学生。

4. 体、音、美特长班 1 个，招收中招成绩 257 分及以上的学生（需另行参加专业测试及面试）。

高一按普通高中课程计划开课，高二按学生志愿分流，毕业时参加全国普通高考综合类（即文史类、理工类）或对口类升学考试。

（二）中专班 500 人，学制 3 年

1. 中专班招收中招成绩 286～336 分的学生。

2. 市场营销专业 50 人，与羚锐公司联办，毕业后符合条件的可到羚锐公司就业。

3. 计算机及其应用专业 120 人。

4.会计专业 80 人。

5.机电专业 80 人。

6.汽车修理专业 60 人。

7.数控机床专业 80 人。

以上各专业学生入学后按中专相应专业课程计划开课,毕业后参加对口升学考试,也可以由学校推荐就业。

(三)劳动力转移培训班

1.开设专业:缝纫、电子、电脑录入、家政服务。

2.办学形式:

①短期培训班:招收 16 岁以上青壮年。常年招生,分期学习,按学时收费,推荐就业。

②一年制培训班:招收 16 岁以下青少年,与短训班相比,加开文化课、礼仪课和生活课。按我校高中正取生标准收费。[①]

从招生人数看,2017 年高中班招生 1500 人,而中专班仅招生 500 人,高中班仍然是全校教育教学的主体部分。高中班根据分数等级,分为实验班、A 层班、B 层班、特长班四个层次的班级(为了统一,后文都用 A、B、C、D 来表示这四个层次)。从招生分数看,高中实验班 2 个,招收中考成绩 487 分及以上的学生;A 层班 4 个,招收中考成绩 438 ～ 486 分的学生;B 层班,招收中考成绩 337 ～ 437 分的学生;体、音、美特长班 1 个,招收中考成绩 257 分及以上的学生。而中专班 500 人,招收中考成绩 286 ～ 336 分的学生。高中班,除了"特长班"的招生分数比中专班低,其余实验班、A 层班、B 层班的分数都高于中专班。

---

① 来源:《H 县职业高中(中专)2017 级新生招生简章》,"H 县职业高中"微信公众号,2017 年 7 月。

与分数等级相关，进而是奖励政策。学校单独设立的奖励，几乎都是面向高中班的，很少与中专班有关。2017年的招生简章，对"收费标准"和"资助政策"的说明如下：

（四）收费标准

1.从2012年秋季开始，所有学生免收学费。每人每学期只交书本资料费550元（多退少补），住校生另交住宿费300元。

二、资助政策

1.国家助学金制度。高一、高二年级农村学生和县城家庭经济困难学生每人每年享受职高助学金2000元。

2.国家免学费制度。从2012年秋季开始，所有学生免收学费。

3."雨露计划"。全县建档立卡贫困生可享受"雨露计划"每年资助2000元，直到大学专科毕业。

4.商品交易所助学奖学金。从2014年开始，考取全日制二本以上本科院校的部分学生，给予每人3000元的奖学金，高二年级部分品学兼优的学生，给予每人2000元的助学金。

5."职高奖学金"。对中招成绩优异来我校学习的学生，给予3600～12000元的奖励（按6个学期发放）：

①中招成绩556分及以上的发职高奖学金12000元；

②中招成绩542～555分发职高奖学金9000元；

③中招成绩522～541分发职高奖学金7200元；

④中招成绩508～521分发职高奖学金6000元；

⑤中招成绩487～507分发职高奖学金4800元；

⑥中招成绩447～486分发职高奖学金3600元。

对学年末统考成绩进入全县前50名的奖励1000元；进入全县51～100名的奖励500元；在平时大考中，取得优异成绩的给予60～200

元奖励。①

依据"资助政策"第 2 条"国家免学费制度"规定，职高从 2012 年秋季开始，所有学生都免收学费。这对进入职高的学生，尤其对那些农村和城市家庭收入较低的学生来说，是一个很重要的优惠政策，也是职高在不公平的教育格局下的一种招生优势。这一政策，是覆盖职高所有学生的，不管是高中班学生，还是中专班学生都可以享受。可是，其他"资助政策"中的奖励规定，就几乎和中专班学生无缘了，尤其是与分数和升学挂钩的奖励规定。即使是"国家助学金制度"，也是面向高一、高二年级的家庭经济困难生。而唯有"雨露计划"的资助，少数中专生可能会享受到，但也仅限于全县建档立卡的贫困生。

依据"资助政策"第 5 条"职高奖学金"规定，学校对中招成绩优异来职高学习的学生，给予 3600 ～ 12000 元的奖励（按 6 个学期发放）。这就是说，2 个实验班的学生和部分 A 层班的学生都可享受到这一奖励，从3600 元到 12000 元。在学校期间，学生免交学费，学年末统考成绩优异的话，还能获得相应奖励，高二年级部分品学兼优的学生还可以获得"商品交易所助学奖学金"。如果高考成绩优异，考取全日制二本以上本科院校的部分学生，还可以获得"商品交易所助学奖学金"。与之对比，中专班学生仅有 500 人，进校时的成绩就很低，入校后也没有升学压力，也没有机会享受这些奖励措施。

当然，学校还有第三类办学形式，即"劳动力转移培训班"。这类办学形式是与政府合办的，承担"H 县职业教育中心"的任务，不同于高中班、中专班的正规学历教育，也不隶属学校高中部和中专部，而是面向校

---

① 来源：《H 县职业高中（中专）2017 级新生招生简章》，"H 县职业高中"微信公众号，2017年 7 月。

外青年开展不定期的劳动力培训，灵活办学，有短期的也有长期的。从2017年招生简章看，培训班开设缝纫、电子、电脑录入、家政服务等4个专业的培训内容，但实际上更多是缝纫专业的培训，其他专业并没实际开展太多。

可见，尽管职业高中秉承"有教无类、因材施教""帮助每个学生走向成功"的教育理念，开展正规的普通教育、职业教育和临时的劳动力培训，但实际中，分数等级的划分，依然是开展分类办学的重要原则。这是职高学校在地方不公平的教育格局中，在缺乏实训设备和技术师资的情况下，一种不得已而为之的生存出路。依据中考成绩的高低，学生在全县会被分流到县城重点高中或职业高中，进入职业高中后又会被分流到占主体的高中班或处于弱势的中专班，而在高中班中又会进一步被分为A、B、C、D四个等级。不同等级的班级，学校的重视程度、师资配备和课程设置上，都有明显的等级差异。学校一直是狠抓高中班的教学和成绩，尤其是狠抓实验班、A层班的考试成绩，而中专班则没有统一的教学规划和成绩压力，也缺乏技术设备，不重视升学率，也不重视技术，仅重视安全管理。

三、分层与分流的高中班

第二章分析指出，普通高中班，是职高前身——1981年建立的"城关高中"遗留下来的，是在地方不公平的教育政策下，为保证县重点高中的升学率而开办的。尽管这所职业高中后来也成立中专部，开设职业类课程，但高中班的升学一直是学校紧抓不放的部分。在20世纪90年代中后期，这所职业高中高中A层班和对口类班级的升学成绩都还不错，文科甚至还能和县高级中学竞争。

高中班具体实行"分层教学、逐步分流"的方式，依据学生现实情况和发展需要，编成不同层次的动态班组织教学。高一入学时，学校根据中考成绩，把学生分到 A、B、C、D 四类等级的班级之中。A、B 类的班级，中招分数高，人少较少，是学校集中全校最优秀的师资，主抓的升学对象；C、D 类的班级，中招分数低，人数较多，师资配备和学校重视程度相对较低，升学的希望并不是很大。在课程设置上，高一年级都要学习普通高中所有相同的课程，没有任何单独的专业科目。尽管在班级名称上，会有"种植""养殖"的区分，但其实并没有实际的意义。

高二时，学生根据高一考试成绩，加上个人意愿，再一次被分为参加普通高考的班级和参加职业类对口的班级，如医学类、维修类、政法类、旅游类、种植类、养殖类等专业班级。对口招生，是指普通高校对口招收中等职业学校（包括普通中专、职业高中、职业中专、成人中专、技工学校）的应届毕业生而实行的一种考试类型。国家实行"对口招生"政策的目的，是拿出专门指标，为优秀的中等职业类学生提供上大学深造的机会。对口考试和普通高考同时进行，也分本科、专科，但对口类学生只能报考本省的职业类高等院校，所考的基础科目难度都低于普高，这对成绩中等及偏下的高中生来说是非常有利的。

职业类对口升学，设置的专业有医学类、汽修类、政法类、旅游类、种植类、养殖类等，考试难度都低于普通类高考，适合成绩偏低的学生。因此，在高二分班时，高一原来 A 层班的学生，大部分会继续选择普通类高考升学，个人和学校都希望有更好的高考成绩，也有机会被更好的大学录取。而原来高一 B、C、D 层班的学生，中考成绩原本较低，如果参加普通类高考的话，大部分学生是升学无望的，因此会选择难度较低的本省的职业类对口升学考试。对口升学考试的科目，包括基础课（语文、数学、外语）、专业基础课和专业课。参加职业类对口升学的学生，与参加普通类高考升学的学生一样，是以"应试"升学为唯一目标，没有任何实践培训课程，高二、高三都是在机械的知识记忆和反复的模拟考试中紧张度过的。

采用这种普通高考和对口升学的混合模式，可以说非常适合职业高中分类办学的理念，也适合这些人数众多、基础较差的学生。这种混合的升学模式，对于学生基础较差的职高来说，无疑提供了更多可能性的升学道路：

第一，学校的 A 层班，这里有全校最优秀的师资、成绩最好的学生，其目标就是 3 年后的普通高考。如果集全校最优质的力量，通过 3 年的努力，A 层班高考中的某项科目、某项名次取得历史突破，或在全县名次靠前的话，都具有重大意义。即使 A 层班的学生，中考分数也是远低于县高级中学"清北班"或实验班的学生分数。通过 3 年努力，把这些学生培养出好的高考成绩，比县高级中学培养出重点和名牌大学的学生意义大，具有学校校长所言的"不是清华北大胜似清华北大"的意义。这对学校的声誉，以及那些上不了县高级中学，还志于高考升学的学生来说，都具有重要意义。

第二，高一虽实行"分层教学"，划分出不同等级的班级，但是高一所有的班级都要学习普通高中所有的课程，到了高二再分职业类班级，这样也可以帮助职业类考生提前巩固基础知识。大量成绩较差的学生，参加难度较低的对口升学，在某种程度上也可以避开普通高考的激烈竞争。当然，A 层班中排名靠后的学生，成绩相对还可以，若参加高考升学可能未必有好的成绩，在高二分流到职业类班级来参加难度较低的对口升学，可能会考出很好的成绩。这样，也有助于提升学校对口类升学的成绩和水平。

第三，尽管职业类对口升学，只能报考本省的职业类高等院校，但经过高强度的应试训练，这些职业类班级每班还有几名学生能够过本科线，增加了学校的本科过线人数。尤其是过省专科线的成绩，更是职业高中的一大优势。职业高中，经过 3 年高强度训练的职业类考生，多数都能过极低的职业类专科线，过线率要大大超过以技术为导向的同等中等职业院校

（技校、中专），成绩好的还可能过本科线。以 2009 年为例，学校在对口类升学考试中，种植、养殖、烹饪、机电与机制、电子、旅游、化工、市场营销、政法等 9 个职业类专业高考总分夺得全市第一名，所有专业均居全县第一名，职业类 8 个专业专科过线率达 100%。这些职业类对口升学的考生，如果没有进入职高，没有参加职业类对口考试，在高考激烈的竞争之下，可能连仅有的一点升学希望都没有了。

四、分数至上的 A 层班"纪律"

福柯在《规训与惩罚：监狱的诞生》一书中，认为现代社会诞生了一种被称为"纪律"（discipline）的权力技术，其最先在监狱中实行，后又逐渐扩展到现代的工厂、学校和军营之中。"纪律"不是简单的封闭控制，更不是像修道院禁欲主义的"戒律"那样的弃绝功利，其目的是"增加功利"。福柯指出，"纪律的历史环境是，当时产生了一种支配人体的技术，其目标不是增加人体的技能，也不是强化对人体的征服，而是要建立一种关系，要通过这种机制本身来使人体在变得更有用时也变得更顺从，或者因更顺从而变得更有用"①。这就是说，通过划分空间，控制时间，规定行动的内容、速度和效果，并反复强化训练，"纪律"的最终目的是制造出驯服而训练有素的肉体，激发出个人最大的力量。因此，封闭管理只是纪律实施的重要保证和条件，并不等于"纪律"本身。

在激烈的高考升学竞争中，各地方高中，尤其是一些县城高中，在学生基础和师资力量薄弱的情况下，只能通过严格的管理和高强度的训练来提升成绩，出现全封闭管理、全方位的"县中模式"②。而这所职业高中，

---

① ［法］米歇尔·福柯：《规训与惩罚：监狱的诞生》，刘北成、杨远婴译，生活·读书·新知三联书店 2007 年版，第 156 页。
② 齐燕：《"县中模式"：农村高中教育的运作与形成机制》，《求索》2019 年第 6 期；付敬萍：《应试教育县中模式的个案研究——以湖北省武穴中学为例》，华中师范大学 2015 年硕士学位论文；李涛：《"县中模式"的囚徒困境及对策研究》，苏州大学 2008 年硕士学位论文。

全校仅有的高考希望都寄托在 A 层班的学生身上，为了提升 A 层班学生的成绩，只能以更严格的管理、更高强度的训练来努力。我们以一个 A 层班的班级管理规定和量化考评制度为例，来分析"纪律"与分数提升的关系。

该 A 层班的"班级誓词"是："我一定要努力，只有努力才有希望，只有努力才能成功。为了父母、为了老师、为了我自己，我一定要努力。"为此，该班制定了班级班规和其他一系列管理规定。"班级班规"共有 11 条，其中第 1 条是"明确自律的重要性，并把自律作为前进的动力"，第 2 条是"纪律是一种契约，是大家的共同约定，是保障集体（实际上代表了每个成员）利益的规范性要求，因此具有强制性"。这说明，为了提高学习成绩，在 A 层班中，让每个人养成自律的习惯，并遵守共同的"纪律"，是首要的。自律而不是他律，这是 A 层班学生需要具备的最重要的品质，也是 A 层班学生和其他非 A 层班学生最重要的差别。

为了提高学习效率，尽可能地利用时间，排除不利于学习的干扰因素，该班级制定了"闲话签名制度"。该制度实施的出发点是，"我班仍有一小部分同学自觉性较差，学习被动，时间观念和纪律观念淡漠，闲话较多。为了矫正这一不良现象，使大家懂得珍惜时间，培养大家良好的学习习惯和行为习惯，提高同学们的个人素质，特实行'闲话签名制度'"[1]。说闲话，就说明学生还不能具有良好的时间观念和纪律观念，不能很好地利用和珍惜时间。说闲话的具体表现是：

（1）三餐后进入教室吵闹喧哗的；（2）课间喧闹喧哗的；（3）课前 3 分钟不预习闲侃的；（4）早餐、午餐、晚餐结束后到班不学习闲聊的；（5）自习课或课堂上说闲话的。

按照理想的学习状态，学生应该是分秒必争的，三餐之后进入教室喧

---

[1] 高一 A 班"闲话签名制度"。

哗的、课间喧闹说话的，都说明学生学习主动性和自觉性较差，还不能有效利用课间 10 分钟时间来整理和巩固上节课所学内容，也不知道提前预习下节课要学的内容。课间不预习，不到上课不看书，不到临考不看书，"他们总是上课萎靡不振，下课生龙活虎"，这是缺乏"自律"意识学生的具体表现。"闲话签名制度"规定，前一位在闲话本上签名的同学，保管好闲话本，并负责传给下一位同学；每签名一次扣量化分 1 分，并写 500 字的自白书。

量化扣分，涉及班级严格的量化考评制度。该制度规定，量化考评成绩作为该生平时在校表现情况的直接依据，与奖学金、评优评先和纪律处分等直接挂钩。量化考评制度包括学习方面 7 条、纪律方面 16 条、卫生方面 5 条和其他方面 3 条。其中纪律方面是规定最多的，而卫生方面和其他方面是最少的。学习方面中的几条规定，多与分数成绩相关，如规定"班级前 3 名的同学每人奖量化分 10 分，第 4～6 名每人奖量化分 8 分，第 7～10 名每人奖量化分 5 分；达到 500 名以上的同学，设特别奖，每人另奖量化分 10 分；考试作弊一次性扣量化分 20 分"[①]。

而纪律方面 16 条的规定，都是惩罚性的，尤其是干扰或影响学习的因素，更是需要来控制或排斥的。其中一些规定如下：

1. 违反闲话签名制度规定要求的，每次扣量化分 1 分；当选"闲话大王"的一次性扣除量化分 5 分。

2. 不遵守公共秩序，在教室内打闹或进行其他不适当的娱乐活动，扣量化分 2 分，并写 500 字说明书。

3. 在教室或其他公共场合，说脏话或侮辱谩骂他人的，每次扣量化分 1 分。

4. 在班级中制造流言蜚语、恶语中伤他人，破坏班级团结的，扣除量

---

① 高一 A 班"量化考评制度"。

化分5分。

5."亚迟到"（最后3分钟进班，值日生除外）每次扣量化分1分，迟到者每次扣量化分2分，并写500字说明书。

8.不遵守寝室就寝秩序，熄灯5分钟之后仍在聊天说笑或做其他不必要活动的，每次扣量化分2分，并写500字说明书；违反寝室纪律，且不服从寝室长或班委管理的，一次性扣量化分10分，并写1000字说明书。

11.违反学校要求，佩戴饰品、MP3、手机等，一次性扣5分。

12.吸烟喝酒一次性扣10分，并写1000字说明书。

13.谈恋爱经查属实，影响极坏，在老师教育后仍不思悔改，一次性扣20分，并写2000字说明书。

14.打架斗殴、赌博等严重违纪行为一次性扣量化分20分，并写2000字说明书，同时还将受到严厉的纪律处分。

15.不服从班委管理的一次性扣量化分10分，并写1000字说明书；不服从老师管理的一次性扣20分，并写2000字说明书，同时给予留班察看之处分。[1]

可看出，纪律是和学习密切联系在一起的，且与详细的量化考评分数相关联。凡是影响学习的、偶然的、消极的因素都应该设法规避，并受到责罚，扣除相应的量化分数。在课间说闲话的，扣1分；最后3分钟进班的"亚迟到"说明进入教室不积极，扣1分，迟到的扣2分，并写500字说明书；夜晚寝室熄灯5分钟后，仍然说笑或聊天的扣2分。当然，扣分最多的是考试作弊、谈恋爱、打架斗殴和不服从老师管理的，都直接扣20分。谈恋爱与作弊、打架、顶撞老师一样，都是最严重影响学习的，因此扣分最多。至于个人卫生和道德方面的，与学习和分数的提升关系不大，

---

[1]　高一A班"量化考评制度"。

因此也并不是"纪律"最关心的。比如辱骂他人仅扣 1 分，恶语伤人也仅扣 5 分。甚至吸烟喝酒，也仅扣 10 分，少于作弊、谈恋爱 20 分处罚。与之相反，非 A 层班的更重视他律而不是自律，更重视卫生和道德，而对学习和自律就不是特别重视了（将在下一章展开）。

五、不断下降的高考升学率

前文指出，在 20 世纪 90 年代中后期，该校高中班普通升学和对口类升学的成绩都不错，一些科目还能和县高中竞争，尤其是文科。到了 2008 年，该校的高考成绩更是创造了历史，各项数据有了重大的突破和提升。不过，这种持续的升学势头，在此后并没有继续保持。如上一章所分析的，农村中小学合并以及民办公助的办学形式，严重影响了该县初高中的教育秩序。在中考的竞争格局下，从小学到中学不断划分快慢班，势必出现更多因在慢班而放弃学业的学生，这些学生若想继续上学，就只能进入招生分数线很低的职业高中，这也造成近些年学校高考成绩的不断下降。如表 4-1 所示，列出 H 县职业高中 2003—2010 年本科过线率的变化：

表 4-1　H 县职业高中 2003—2010 年本科过线率变化统计 [①]

职高年份	普通类本科			对口类本科			总计		
	报考（人）	过线（人）	过线率（%）	报考（人）	过线（人）	过线率（%）	报考总数（人）	本科总计（人）	过线率（%）
2003	197	22	11.17	495	144	29.09	692	166	23.99
2004	145	16	11.03						
2005	282	66	23.40	548	91	16.61	830	157	18.92
2006	444	95	21.40	622	37	5.95	1066	132	12.38
2007	611	109	17.84	680	40	5.88	1291	149	11.54

[①] 数据来源：2003 年到 2010 年 H 县所有高中的升学统计数据。过线率是本科过线人数与报考人数之比。

续表

职高 年份	普通类本科			对口类本科			总计		
	报考（人）	过线（人）	过线率（%）	报考（人）	过线（人）	过线率（%）	报考总数（人）	本科总计（人）	过线率（%）
2008	639	177	27.70	698	75	10.74	1337	252	18.85
2009	596	80	13.42	766	52	6.79	1362	132	9.69
2010	600	112	18.67	797	84	10.54	1397	196	14.03

我们可以看出，从 2003 年之后学校的过线率是不断下降的。从 2003 年到 2008 年，职高本科过线率从 2003 年的 23.99% 降到 2007 年的 11.54%，下降幅度是极大的。其中对口类本科过线率从 2003 年的 29.09% 降低到 2007 年的 5.88%，更是直线下降到最低点。普通类本科过线率相对来说，并没有大幅下降，反而是不断增长的，只是从 2005 年之后连续两年下降。可以看到，该校 2008 年的高考成绩确实比 2007 年有大幅度提升，是自 2003 年以来日趋走低的升学率中最好的一年。2008 年比起 2007 年，总体本科率从 11.54% 上升到 18.85%，普通类本科从 17.84% 上升到 27.70%；对口类本科从 5.88% 上升到 10.74%，都有成倍增加。而在 2008 年之后，该校高考成绩又开始下降，2009 年更是大幅下降，2010 年又扭转势头，但也远低于 2008 年的最高水平。

我们再来看 2003 年至 2010 年县高级中学以及全县升学率的变化情况。从表 4-2 所示数据来看，这时期县高级中学的本科过线率从 2003 年的 43.41% 上升到 2010 年的 61.82%，上升了近 20 个百分点。中间仅有 2004 年、2009 年的短暂下降，但也是一直保持上升的势头。在县高级中学持续上升的过线率带动下，全县的过线率也是从 2003 年的 23.04% 上升到 2010 年的 54.35%。而与之相反，职业高中本科过线率却从 2003 年的 23.99% 下降到 2010 年的 14.03%，下降了近 10 个百分点，如果与最低的 2009 年 9.69% 相比更是下降了 14.3 个百分点。由此可见，职业高中在 2000 年之后的升学率是不断下降的。

表 4-2　H 县 2003—2010 年全县、县高及职高本科过线率变化统计[①]

年份	全县（%）	县高（%）	职高（%）
2003	23.04	43.41	23.99
2004	21.71	34.41	
2005	17.57	41.35	18.92
2006	37.09	50.03	12.38
2007	39.49	52.41	11.54
2008	44.50	55.89	18.85
2009	42.06	48.77	9.69
2010	54.35	61.82	14.03

　　上一章指出，自县高分校建立后，直接威胁职高的招生，职高以前 A 层班水平的学生现在都到分校了，职高生源质量更是逐步下滑。中考招生起点的不公平，直接就决定了 3 年后 3 个学校高考成绩的巨大差异。表 4-3 所示为 H 县县城 3 所高中这两年的高考成绩，我们可以直观感受这种"天壤之别"。

表 4-3　2019 年和 2020 年 H 县高级中学、二高、职高本科过线率

学校类型	2019 年	2020 年
县高级中学	本科进线 973 人（91%），本科一批进线 497 人（43%）	两个清华、两个北大 本科一批进线 633 人
县第二高级中学	参加高考 1163 人 本科进线 681 人（58.6%）；本科一批进线 28 人（43%）	参考高考 1399 人 本科进线 799 人（57.1%）；本科一批进线 40 人（28.6%）

[①] 数据来源：依据 2003 年到 2010 年 H 县所有高中的升学统计数据计算而成。

学校类型	2019 年	2020 年
县职业高中	本科进线 167 人（普通类 15 人，职业类 152 人）； 本科一批进线 0 人	本科进线 228 人（普通类 57 人，对口类 171 人）； 本科一批进线 0 人

县高级中学 2015 年、2016 年、2017 年均有学生考入北大清华，2020 年更是有 4 位学生考入北大清华；县高级中学公布的高考成绩都不提本科进线率，只提本科一批进线率，2019 年就达到 43%，将近一半的考生会过一本线，考入全国 985、"双一流"高校。该校 2019 年的高考成绩中，"本科一批进线 497 人，进线率 43%，本科进线 973 人，进线率 94%，高考成绩位居 ×× 市省级示范性高中领先地位……在高考录取中，空军飞行员录取 1 人，民航飞行员录取 5 人，985 高校录取 56 人，'双一流'高校录取 154 人，'双一流'以上著名高校录取人数较上年保持较快增长"①。

而县第二高级中学，2019 年本科进线 681 人，进线率为 58.6%，其中本科一批进线 28 人，进线率为 43%；2020 年本科进线 799 人，进线率为 57.1%，其中本科一批进线 40 人，进线率为 28.6%。这说明这所新建立的原来名为"县高分校"的学校，经过十多年的发展，目前一批进线率都已经达到 20% 以上了，本科进线率也达到 50% 以上了。与之相反，职高的一批进线率为 0，且本科进线人数和进线率都远低于县二高，近些年本科进线率为 10% ～ 20%。

如此看来，每一届 1500 名的学生只有 200 名左右的学生能升学，约 1000 名学生基本升学无望，还有一小部分学生中途辍学。本来在中小学学业就很差的学生，到了职高学校又再次被不断分流。加上现在的高中新

---

① 来源：《H 县高级中学校长在 2019—2020 年教师节大会讲话》，"H 县高级中学"微信公众号，2019 年 9 月。

课改难度增加，对学生的综合素质要求提高，很多学生试图从高一努力弥补，可成绩一直上不去。每次测评考试，满分 100 分的科目，一个班 60 名学生，能过 60 分的也就三四个，语数外成绩更是低得厉害。这样学生就逐渐丧失了学习的信心，开始在学校混日子。白天课上睡觉，晚上就琢磨打架、抽烟和外出上网。久而久之，B、C 层班的代课老师也没信心了。一位老师看着下面睡倒一大片的学生，很无奈地说：

你看这怎么管，没法管，打不能打，骂不能骂，他们的基础就这样，没必要打骂他们……我刚开始还讲练习册，后来就不讲了，你看看他们分数，都二三十分的，怎么管，了解多了你就想开了。[1]

如此看来，这所职业高中形成的普通高中、职业中专和劳动力短期培训三种办学形式，以及"分层教学"的教学模式，更多是按照分数等级划分出不同的办学形式，进一步也形成了高中班 A、B、C、D 四个等级。尽管高中班是该校的主体部分，也是这所学校紧抓不放的部分，但近些年在县域教育体系变动的情况下，该校的生源数量和质量都不断下降，该校的高考升学率也不断下降。作为学校主体的高中班，学校的升学率也是一直寄希望于 A 层班的，实际的分工就形成了"A 层班管学习，B 层班抓有效学生并管纪律，C、D 层班主管纪律"的实际分工。这么多学生都升学无望，而且困在学校，加上缺乏技能培养的中专班，大概 2/3 的学生没有更好的出路，就只能严格管理。

---

[1] H 老师访谈，H20081215。

第五章

以安全管理为重心的职高
校风

这所职业高中在招生不公平的情况下，通过多元办学、降低分数和提前招生等方式，尽管可以保证生源、维持规模，但如何把这么多成绩差的学生教育好、培养好又是一个大问题。在农村地区资金、设备和师资有限的情况下，学校的职业部分并未实质发展起来，高中升学也一直是学校紧抓不放的部分，但自21世纪初以来，这所职业高中高考升学率不断下降，与全县高中不断增长的高考升学率形成鲜明对比。

学校每年招收1500名左右的学生，3年之后仅有不到200人过本科线。那么，这么多在校生，既升学无望，也无技能培训的出路，学校应该如何来教育和培养这些学生？这就涉及学校日常视为重心的安全管理工作了。

一、"不是清华北大，胜似清华北大"含义之二

作为支教一年的新教师，承担高一成绩靠后班级的教学任务，如果既不以成绩为主，也不以职业技能为主，应当如何面对这些成绩靠后的学生，如何做一名合格的职高教师？

尽管在新学期"全体教师会议"上，学校校长热情地称赞当年的高考成绩，并用"不是清华北大，胜似清华北大"来形容，但学校内多数学生都是升学无望的。上一章指出，面对这些学习基础差、习惯差的学生，在职业高中实际工作中形成A层班主抓学习，其他班主抓行为习惯的分工，只要其中任何一方面改变了，都具有重要意义。那么，为什么说行为习惯的改变，也具有"不是清华北大，胜似清华北大"的重要意义呢？

在第二天学校召开的"新教师培训会议"上，学校领导对这一问题进行了详细阐发。一位副校长就如何做优秀的职高老师作了讲话。他说：

"做优秀的职高老师，首先是要了解职高、融入职高。进入职高的学生学业基础差、自信心差。作为职高老师，要爱差生、爱坏学生，不要摧残学生，要尊重学生、尊重人格，只有这样他们走向社会之后，才会自尊自信、自立自强。发现这些学生的优点，他们转变之后对社会贡献重大。"[1]该副校长进而谈到职业教育的重要意义，他说：

教育的传统是培养人上人的，而不是培养人的。而职业教育是培养大众的……如何在升学压力下，教育学生德智体全面发展，这是教育，尤其是职业教育的重要意义。国家现在大力发展职业教育，职业教育的地位越来越重要……[2]

在这位副校长看来，普通教育和职业教育的差别，不是知识和技能的差别，而是精英和大众的差别，进一步来说是唯分数的单一人才目标与培养全面发展人才目标的差别。教育的理念本来就是以人为本，是培养人的。可是，主流的教育观念却以分数为主，以培养分数至上的精英人才为目标，也就失去了教育本身的理念。职业教育，恰恰是可以面对大众，可以培养大众德智体全面发展的教育。因此，这位副校长指出，职高老师不能以分数为唯一标准看待这些学生，而是要爱护他们、尊重他们，发现他们的优点，只有这样他们走向社会之后，才会自尊自信、自立自强。若发生这样的转变，对家庭和社会就有重要意义。

校长最后的发言，更是阐发了职业教育的崇高价值和职高学生培养的重要意义，又阐发了"不是清华北大，胜似清华北大"的另一种意涵。校长发言说：

以前的新教师，来职高待了一年就走，职高都是差学生、坏学生，新教师来了很不适应。在人们的传统观念中，学校一直是培养精英群体的，

[1] "新教师培训会议"记录，2008年8月。
[2] "新教师培训会议"记录，2008年8月。

考个好大学，学校脸上有光，家长脸上才有光。可是现在从国家和社会的角度来看，一方面是大学毕业生就业越来越难，也找不到合适的工作。另一方面是企业、工厂没有人，缺乏人才。传统教育的理念是学而优则仕，士农工商，士是首位的。现在必须大力改变传统教育观念，大力培养职业教育，这关系到民族发展的问题。现在国家经济发展迅速，需要各行业的技术人才。职业教育在国民经济发展中是处于战略地位的。现在进入职业教育的学生，一个是成绩差，另一个是习惯不好。把一个坏学生培养好了比培养一个大学生，培养一个清华北大的学生都意义重大，他们最起码不会走向犯罪深渊，危害别人，也不会造成家庭的痛苦。新进的教师不要贬低自己。①

校长的发言，对以升学为目标的主流教育观念提出了批评，认为从国家和社会发展的长远角度来看，应该改变传统教育观念，大力重视和发展职业教育。但目前进入职业教育的学生，学习基础差、行为习惯差，若能培养学生良好的习惯，对个人、家庭和社会都意义重大，最起码他们不会走向犯罪，其意义可以说是"不是清华北大，胜似清华北大"。校长进而讲道：

新教师要以职高为荣，要让学生有信心，自己要有信心；要让学生满意，自己要满意；要真诚地去关心学生，关心弱势群体；要善于从学生身上发现优点，适时鼓励，也要批评教育。学生的成绩确实很难提高，但可以成为一个身体素质好、行为习惯好、品德高的学生，能培养这些，就是一个优秀教师，每一点进步都是成功的。②

这就是说，学生的成绩确实难以提高，即使能提高也是极少数人，但

---

① "新教师培训会议"记录，2008 年 8 月。
② "新教师培训会议"记录，2008 年 8 月。

大多数学生的身心和品德方面，是可以下功夫的。作为职高的教师，要以培养这些学生为荣，自己要有信心，才能让学生有信心；要发现学生的优点，关爱他们，注重他们身心健康和行为习惯的培养，只要有一点进步就是成功的。

从内心讲，学校领导的这些讲话，给我这个刚从大学毕业的本科生，也算好好上了一课，让我开始切身反思普通教育和职业教育的差别，也开始重新认识职业教育的重要价值。虽然自己内心也是秉承"有教无类"的教育理念，也在尽力尊重每一个学生，发现每个学生身上的优点，但此前并没有从这么高的高度认识职业教育，也没有透彻理解职业教育对这些学生的重要意义，甚至带有一些根深蒂固的观念，还是认为学校教育就是和"升学"联系在一起的，职业教育就是和技能培训联系在一起的。而从学校领导的阐释来看，职业教育对学生来说还具有更重要的价值和意义，不在于技能培训，更不在于考试升学，而在于行为习惯和品质道德的教育。

二、安全管理的校风与勤跟苦守的作风

这么多在校生，既升学无望，也无技能培训的出路，若要在行为习惯和道德方面发生改变，首先就有赖于学校有一套细密的管理方式和班主任"勤跟苦守"的工作作风。在 2009 年 4 月的"全校班主任工作经验交流会"上，校长总结这所职业高中近些年形成的校风和作风时说：

学校这几年发展形成了自己的校园风气、特色和文化，体现在教师身上是勤跟苦守、爱岗敬业；体现在学生身上是吃苦耐劳、遵守纪律……我们学校有一群非常优秀、敬业的老师，管得好、风气正、面貌好。我们的老师把很多在危险边缘的学生带回来了，给他们讲道理，也是很好的。我们学校的学生素质差，教他们树立人生观、价值观，比教他们知识更重要……[1]

---

[1] 校长"在全校班主任经验交流会上的讲话"记录，2009 年 4 月。

这就是说，作为职高教师，能把学生"管得好"，并教育学生遵纪守法，帮助学生树立正确的人生观和价值观，这比教给学生知识和技能更重要。在这样的理念下，这些年来，职高教师就形成了"勤跟苦守、爱岗敬业"的优良作风，学生就展现了"吃苦耐劳、遵守纪律"的风貌，学校严格管理的风气和特色也就形成了。这种风气下培养出来的学生，也很受社会、企业和家长好评：

> 现在我们的管理有许多特点，各级赞不绝口，风气影响很好。之所以学校管理这么严格，是因为学生基础差，经过严格管理后，以后他们走上社会，走进工厂、企业，都比较满意……我们管不好，家长不满意，学生招不来，学校就没法生存了。[①]

可见，学校的中心工作是管理，而非教学或培训。这样的严格管理很有特色，也正是学校的生命力所在，也得到家长、企业和社会的认可。对很多外出务工的家长来说，常年不在家，孩子虽然成绩差，但年龄还小，无人照看，只能放在学校里，让他们好好待着。因此家长对学校的期望，更多是把学生"管好"，而不是考试升学或技能培训。

校长进而说，这样的严格管理，在全县的初高中都是很有特点的，也是其他学校想做而做不到的，"底下的初中老师对那些管不住的学生发感慨，常会说'春招怎么还不招，赶紧送职高去'。这非常了不起，这就是我们的优势"。[②] 这说明，职高的严格管理已经成为一种招生和办学优势。如果不能严格管理这些学生，那么企业、家长和社会都不满意，也就招不到学生了。

在这套安全管理的模式中，班主任是管理规定的第一执行人，也是

---

① 校长"在全校班主任经验交流会上的讲话"记录，2009 年 4 月。
② 校长"在全校班主任经验交流会上的讲话"记录，2009 年 4 月。

管理和教育学生的第一责任人。校长在"全校班主任工作经验交流会"上说：

> 我们的班主任是全县最辛苦的。与县两所高中相比，我两边都待过，县高基础好，管理责任少，以教为主。我校管理任务繁重，课时任务轻，值班任务相对较高，他们以教辅为主，我们以管理为主。[①]

可见，职高中学班主任以管理为主，管理任务繁重，课时任务轻，值班任务相对较高，而县高班主任以教辅为主，管理任务较轻。若要当好班主任，除了像一般职高老师要关心、爱护和尊重学生，最重要的就是要有"安全第一"的意识，要确保"不出事"。从学生请假、课间打闹，到校园里打架斗殴，再到校外各种的意外事故、人身安全防范，只要有安全隐患，都是需要提前防范并严格规避的。"安全第一"的口号可谓落实得实实在在。就连升国旗这样的活动，因担心学生集会有踩踏危险，学校也极少全体举行。为了保证安全，学校每年要召开很多面向师生以及学生家长的安全教育会议。在 2009 年新生家长会上，一位副校长就对家长介绍说：

> 我们的管理模式是全过程、半封闭、全员参与的。这里要提醒家长，我们规定学生请假是要和家长联系的。所以管理是非常严格的。我们把"勤跟苦守"作为班主任工作作风来弘扬。

也就是说，对学生安全的管理，也需要家长共同参与，学生请假外出时班主任必须要和家长联系，经确认了之后才能准假。副校长尤其说，学生在校期间，要学习安全教育和中学生安全守则，现在全国上下强调安全第一，防止安全事故的发生，不仅是学校，家长和社会也要负责。基于此，学校和家长签订责任书，一式两份，明确家长与学校的不同责任。尤

---

① 校长"在全校班主任经验交流会上的讲话"记录，2009 年 4 月。

其是学校放假，学生外出发生事故，学校不承担责任。

学校对外宣传的工作思路是"安全第一、德育为首、教学中心、严格管理、优质服务、争创一流"，校领导在学校各种会议上也是反复强调安全，强调学生管理。学校教师们私下也公认严格管理这一工作原则，"安全第一、纪律第二、卫生第三、学习第四"是大家心中的共识；"高中班管教学，中专班管纪律；高中A层班抓学习，B层班抓有效学生并管纪律，C、D层班主管纪律"是学校分层办学思路下实际的工作分工。

为了管理，学校坚持"安全第一"的原则，对教师、学生设置了一套细密的管理规定，深入校园和班级管理的每个细节。班主任每天"勤跟苦守"，从早到晚跟着学生，防止任何意外事故的发生，随时跟踪学生学习、思想动态，紧紧看护每一个人，及时制止"苗头"，不能出事。安全管理重在预防为主，平时要严，事后处理就来不及了。如学校老师所言：

> 这学校领导，什么都不怕，就怕学生安全问题，成绩不好，还有个理由，说他们基础不好，这一出安全问题，家长找你，教体局也找你，这就麻烦了……学生有任何风吹草动，必须制止。[1]

上一章本书分析指出福柯所言的"纪律"技术，并不等于封闭管理和全面控制，反而是最大程度增加人体的效能，是与分数、成绩、效率和力量的提升紧密联系在一起的。而"安全第一"的原则，某种程度是和学习没有关系的，即使成绩不好也是可以解释的，但只要一出事情，那就麻烦了，上级部门和学生家长就都要问责了。"不出事"的安全，是与生命权力联系在一起的。

福柯认为，生命政治(bio-politics)的权力是与安全技术联系在一起的，并且以宏观的人口为对象。福柯在对"治理术"的分析中指出，在

---

[1] X教师访谈，XXG20081215。

18 世纪 "人口似乎超越所有其他东西，成为治理的最终目的。和主权不同，治理的目标不再是治理行为本身，而是人口的福利，其状况的改进，财富的增加，生命的延长，健康水平的提高，等等" [1]。生命权力，目的是让整个人口变得更健康、更安全，而不是侵害生命。要让整体的人口更健康，权力就要控制偶然事件，控制出生率和死亡率，控制各种传染病和各类疾病，控制自然灾害。这是自 18 世纪中期以来政治所关心的头等大事。[2]

当然，生命权力的诞生，并不意味着取代了之前的主权社会或纪律社会，而是恰恰可以使主权和纪律运转得更有效、更有力量。"我们无须用纪律社会代替主权社会、治理社会随之又代替纪律社会这样的方式来看待问题；实际上有一个主权—纪律—治理的三角，其首要目标是人口，其核心机制是安全配置。" [3]

三、安全管理的运作和形成

为了落实严格的安全管理，学校对教师和学生设有一套细密的管理规定和登记制度，深入校园和班级管理的每个细节。班主任每天需 "勤跟苦守"，从早到晚跟着学生，防止学生发生任何意外事故，也要随时跟踪学生的学习和思想动态，紧紧看护每一个人，及时制止 "苗头"，防止出事。具体而言：

时间划分： 学校夏季时间表规定，早上住校生 5：40 准时起床，6：00 早操，然后 6：20 早自习，城关学生 6：20 到班，班主任须查人数登记，

---

① ［法］米歇米·福柯:《治理术》，赵晓力译，https://www.douban.com/group/topic/6230678/，2021 年 5 月。
② ［法］米歇米·福柯:《治理术》，赵晓力译，https://www.douban.com/group/topic/6230678/，2021 年 5 月。
③ ［法］米歇米·福柯:《治理术》，赵晓力译，https://www.douban.com/group/topic/6230678/，2021 年 5 月。

没有到校的城关学生立即给家长打电话，确认联系；7：00 早餐，预备 7：40；第一节 7：50 开始到 8：30 结束，课间休息 10 分钟；第二节 8：40 到 9：20；课间操 9：20 到 9：40，实际上是取消的，学生也不能随意在楼道和校园跑动，多在教室待着；第三节、第四节、第五节，每节课都是 40 分钟，课间休息 10 分钟；第五节 12：00 下课。

午餐 12：00，午休 12：30 开始；午休时，住校生到班午休，不能回寝室，值班教师须查到班休息人数；下午 2：10 走读生进校，班主任再查人数并登记，未到校的立即联系个人和家长；2：50 预备上课，从下午 3：00 第六节课程开始，一直到第九节 6：10 下课。晚餐 6：10 到 7：00，7：00 预备自习，班主任查人数并登记；7：10 到 8：00 第一个自习，休息 10 分钟；晚上 8：10 到 9：00 第二个自习。9：10 第三个自习开始，9：15 城关学生离校回家，剩下 15 分钟查住校生人数，以免住校生跟着走读生走了，10：00 自习结束。10：20 熄灯休息，住宿生进入睡觉时间，不能喧哗。班主任去寝室查人，每周轮流睡寝值班。男生宿舍各年级每天安排两个班主任轮流值班，女生宿舍由管理员和宿舍长负责查寝。学生只有周六下午半天休息时间，每个月月底放两天假，住校生才可以回家。

层级监视： 2011 年学校有南北两个门，在北门口和南门口都有值班室，负责来客登记、学生出入请假登记。与南北门相对应的还有两个专门负责管学生纪律的科室，保卫科和学生科。一个负责北边的学生活动，一个负责南边的学生活动。学校的公共区域如操场、厕所、花园、食堂都是他们巡逻的主要地方，每天都会有值班老师 24 小时在校园重点区域值勤，保证校园安全。学校有五栋教学楼，中专部有两栋教学楼，高中部有 3 栋教学楼，每栋都是四层。每天每个时段每个楼层都有值班的，密切监视学生爬阳台，在楼道、教室打闹以防出现安全事故；每个年级的年级办公室是年级值班管理的中枢。每个年级有专职教导员，负责本年级的值班巡逻任务，每天要最早到，要下课巡逻、吹哨监督、安排值班、处理违纪学生。各任课老师负责本课时的值班，各班值日班长负责班内的值班。

值班签到：考勤就是安全，安全管理贵在平时的值班和签到。所有教职工，不论有课无课、有事无事每天必须按时坐班，按时签到。上下午上下班共四次签到，班主任有单独签到表，每天签13次，比代课教师多签早晚自习、班级查人登记。每个年级都有种类繁多的签到制度：三餐值日表、午休值日表、课间值日表、周六下午值日表，住校生请假登记表、教师签到表、班主任签到表、学生考勤登记表、请假登记表、教学检查记录表、寝室值班表、寝室检查登记表、听课登记表等。

班主任有三餐值班，学生吃饭半个小时，老师要在楼道值班；课间值班，每个楼层都有值班老师，监视学生爬阳台，在楼道、教室打闹情况；午休值班，检查并登记住校生午休情况；自习值班，每个自习班主任必到，早晚自习要守。寝室值班，晚上9：30下自习，班主任一同到宿舍检查，负责各自的班级，并熟悉其他班级。班主任轮流睡寝，一周每人两次。寝室人员名单在门背后，以方便查寝。每晚寝室长先检查人数，检查好了画钩，班主任检查后再在寝室名单上画钩。周六下午，半天休息，仍有老师值班，防止学生在校园发生意外。

每个班级黑板左上方写"住校生人数、非住校生人数、男女生数、男住、女住、总人数"具休的几个数字，并注上"应到多少人、实到多人"，请假的学生姓名当天也要注上，并标上校住还是走读，方便早中晚查人。值日班长记录班级日志，（包括详细时间、地点、人，内容包括吃零食、说话、上课不专心、被老师抓住的学生。）每天挑选两个学生到楼下，午休帮助查人。负责楼口帮助检查，看是否有学生带违规物品上去。

如有学生请假，一定要看是否是自己写请假条，写清楚具体事因，班主任要亲自打电话跟家长核实具体情况后再签字，之后到年级组盖章，然后学生到保卫科盖章，门卫放行。每一个环节都不能少。

近几年来，学校还进行了一系列学生管理和安全管理改革，比如手机管控、量化考评、责任区管理以及"4221"模式。[①]经过多年探索，学校构建"4221模式"，完善网格化管理。"4221"模式，即"四定二全二无一量化"模式。"四定"指的是定人定时定岗定责，"两全"指的是全过程、全方位，"两无"指的是无缝隙、无盲区，"一量化"指的是量化考评。学校以点成线，以线带面，以面构体，逐步形成立体交互式网格化管理体系。

学校对班主任工作实行量化考评制度。量化考核，从学生管理目标出发，根据班主任的岗位职责和所担负的任务，从日常行为规范、考勤、卫生、纪律、安全、文明等方面进行量化考核，学校各级部门对每次检查认真记录，保卫科和各级部门安排专人负责统计，实行日检查、周汇总、月考评、年总结。每次将量化数据在行政楼门口的电子屏上公示，并将考评结果作为班主任绩效发放和评优评先的重要依据。

学校以技防为突破口，重视技术的核心作用，建立智能门禁系统以及信息化数字校园建设。学校目前建有联网视频监控探头125个，基本实现全校园视频监控"全域覆盖、全时可用、全程可控"，还建立了校园人脸识别系统及车辆智能门禁管理系统。

学校结合实际情况，取得家长支持，在校园安装了几十部免费公用电话满足学生正常联系的需要，保卫科值班教师和学生干部每天在学校大门口严把进校关，用金属探测仪进行检查，防止学生将手机、打火机等违禁物品带进校园。学校规定学生不准带手机，一经发现，立即没收。严禁学生上网，特别是住校生下自习私自上网的，一旦发现就开除。

在来支教地之前，我们支教团成员就听说了这所职业高中在2008年5月，发生的一起学生家长抬棺闹校的事件。原来是一个周六下午学校正常

---

① 来源：《管理改革有特色 校园安全促和谐 ——记县职高管理改革十大亮点》，"H县职业高中"微信公众号，2020年7月。

放假，一名学生到野外游泳溺死，家长找到学校硬要学校承担责任。学校对该事件并无责任，但家长抬棺放到学校门前，严重影响学校正常的教学秩序。学校考虑长时间拖下去对学校影响不好，最终无奈作了一些赔偿。

当然，这并不是说这个事件导致了学校整体安全管理的强化，在此之前学校就已经重视安全管理，形成了一套无时无刻、无处不在的安全管理制度。这种校园安全管理的强化，并不仅仅是这所学校的特点，而是全县学校，以及全国学校近几年共同的趋势。但我们也不能把这所职业高中安全管理的形成和强化，完全视为对外部安全管理制度强调的一个反映，而忽视学校内部的变化，以及其自身的特点。因此，我们需要从学校自身的招生、教学和管理的变化，来理解这种安全管理的形成和运作。

对于这所职高学校安全管理制度的形成，学校一位教师告诉我：

2000 年之后，班级增多了，老师增加了，规模扩大了，在上一任校长在的时候，也开始出现了……教学的运行机制，如低起点、小步子，这一套就开始启动了，从 20 世纪 90 年代末开始，就形成了一套激励机制、结构工资等方案。后来我们进一步完善了这一块。这个时候也是全国范围的安全大检查时，这与全国的大形势有关系……①

这段话对理解学校安全管理模式的形成提供了几个重要的线索。首先，2000 年之后班级增多，师生规模扩大，而管理问题在 2006 年之前就出现了。学校目前实行的年级负责制和工资激励机制，实际上在 20 世纪 90 年代末的高中班升学的形势下就建立了。而签到坐班、值班就寝等制度，是后来逐步兴起的。我们先来看，学校规模在什么时候开始扩大，管理问题什么时候开始出现。

从表 5-1 统计数据可看出，职业高中的招生数和在校生数，从 1997

---

① T 老师访谈，T20081115。

年后就开始增加了，此后连续递增。在校生数从 1997 年的 1011 人，一直
增加到 2000 年的 1383 人。进入 21 世纪，学校的招生数和在校生数都保
持高速增长。招生数从 2000 年的 610 人增加到 2010 年的 1338 人，在校
生数从 2000 年的 1383 人增加到 2010 年的 4754 人，都增加了两倍多。到
2006 年，该校的在校生总数超过 5000 人，此后在校生数一直保持在 5000
人左右。

表 5-1　H 县职业高中历年招生数、在校生数变化统计 [①]

年份	招生数（人）	在校生数（人）
1997	409	1011
1998	491	1147
1999	500	1219
2000	610	1383
2001	827	1787
2002	717	2054
2003	947	2587
2004	1184	2967
2005	1298	3397
2006	1587	5040
2007	1613	4933
2008	1200	5223
2009	1308	4823
2010	1338	4754

学生人数的增加，首先给学校带来了一定的管理难度。面对不断增加

---

① 数据来源：教体局每年教育指标数据报表。

的学生人数和升学率下降的双重压力，这所职业高中 2002 年提出"分类指导、逐步分流"的办学模式，以灵活多样、层次分明的方式来应对。前文已经指出，这套分流模式在 2003 年前，保证了学校较高的升学率，很好地应对了学生数量增多和升学压力的现实问题。但在 2003 年之后，学校的升学率并没有随着高校扩招而上升，而是不断下降。升学率的下降造成了大量学生在学校玩闹，这就给学校带来了管理上的挑战。学校在这套"逐步分流"的办学模式基础上，又逐步建立了一套严密的安全管理制度来应对这些问题。学校里的一位教师告诉我：

> 2006 年还好点，管得严是 2007 年下学期，2006 年那会儿有午休值班，没有三餐值班。夜晚睡寝有，课间值班基本是个摆设，大家都不搞。2007 年下半年，主任从我们那个年级开始搞，那会儿比中专严多了。中专比我们松多了，哪天如果没有值班，他们教导员可以不去，但我们不行，我们不管有没有人值班，教导员必须去。我们一天到晚都必须在学校待着……那会儿也有升学压力，2008 年开始增加人，一下增加两个教导员。①

这段材料给我们提供了理解学校安全管理模式逐渐严格的另一个线索。除学生人数增多外，还有一个重要原因是出成绩。上章分析指出，该校的升学率从 2003 年开始下滑，2007 年到了最低点。升学成绩下滑，使高三年级在 2007 年下半年，最先增加三餐值班、课间值班等制度，以保证升学率。这些严格的制度也起到了一定的作用，2008 年高考扭转近几年升学率下降的势头，比起 2007 年有大幅度增加，总体本科率从 11.54% 上升到 18.85%；普通类本科从 17.84% 上升到 27.70%；对口类本科从 5.88% 上升到 10.74%，都有成倍增加。

升学率提高的背后，是学校日益强化的安全管理。学校相继建立了三

---

① B 老师访谈，B20090426。

餐值班、课间值班和教导员制度，开始逐渐地推行全员参与、齐抓共管的安全管理制度，倡导"勤跟苦守"的教师精神。这种安全管理的强化，是对学校规模扩大、人数增加的一个反应，也是对升学率逐年降低的一个应对。此外，2006 年学校中专部实行春季招生，提前招收县城各中学初三最难管的学生，这些学生进入中专部后，对整个学校的风气以及学校的管理也提出了一个新的挑战。

可见，在 2007 年前后，不论是学校的高中部还是中专部，在原来逐步分流的教学模式上，都进一步强化管理，以应对大量学业基础较差的学生。这种严格管理的模式得以实施，改变校园环境也是必不可少的条件。在 20 世纪 90 年代中期之前，学校条件差，教师都没有自己的办公室，自己休息的卧室就是办公室，教师快到上课时间，才从学校的教师宿舍往教室走，距离也很近。后来学校环境改善，教师有自己的办公室，宿舍和办公室分开，这样才能在办公室集体坐班、按时签到、值班巡逻。

在这所职业高中强化安全管理的同时，整个县城以及全国也开始强化安全管理的意识和制度。当地一位中心小学校长告诉我，他每天的主要精力就放在安全管理上，因为中心小学寄宿制学生较多，除了日常教学，还要负责学生食宿，各种安全隐患层出不穷，极费心思。学生家长不在，万一出了事故，自己责任就大了，所以还得操心下边很多分散的教学点安全。当时访谈正值学校暑假，该校长告诉我，为了防止暑假学生翻墙进校打篮球出事故，就把篮球筐全部卸掉，只剩篮板。所有的露天乒乓球台也被拆掉。可以看出，安全意识已经完全深入教育领域的每个细节。当地的一位中学教师对此抱怨道：

你看教育部天天在喊安全，你到底是个教育部还是安全部？下面的校长天天也只管安全，你看北边的几个乡中学，多少年了中考都被剃光头（一个学生都没过县高分数线），可他就是这么多年都能稳坐校长的位子。即使你学校培养出一个北大清华的，但只要你学校出现一起死亡事故，那你就完了。[1]

不仅农村中小学强调安全第一，县城的中学高中也强调安全，尽力消除安全隐患。该县 2007 年的一份《全县中小学生安全工作情况的调查报告》指出了"留守儿童"增加和县城小学的超大班额，给全县教育系统管理带来的难度，提到了职高春季招生带来的安全管理压力：

一些学校存在重大安全隐患。一是县职业高中，近几年来，按政策职高可以提前招生，一些学习成绩和平时表现较差的学生被家长提前送到职高，占学生总数的 30%，增加该校管理压力。再一个就是县二中，据统计，进城就读的留守儿童中 80% 转入该校就读，由于二中没有食堂和学生宿舍，这些转校生都租住在学校附近和火车站附近的出租屋中，监护人职责履行不到位，安全隐患大……县城学校学生安全管理难度增大。[2]

这种安全管理的强调，和同时期全国范围内安全管理的加强有密切关系。笔者在县教育体育局翻阅历年教育系统文件时，一个很直观的感觉是，在 20 世纪 80 年代，中央、省市及本县所下发的文件通知中，不论从文件数量还是文件内容看，"职业教育"都是一个非常明显的主题。而到 90 年代，"义务教育""素质教育"又成为明显的主题，到 21 世纪初，"安全教育"成了明显的主题，而职业教育、义务教育和素质教育这时期都不再被关注、被提起了。

翻阅该县教育系统存档文件，可以看出从 1999 年起，全国范围的安全教育开始加强，以"安全教育"为主题的文件占绝大部分，以后逐渐成为教育系统至关重要的主题，一直延续到整个 21 世纪初，到今天还在持

---

[1]　Y访谈，YSS20110728。
[2]　H县教体局：《全县中小学安全工作情况的调查报告》，2007 年 11 月。

续。下面所示为 2004 年的安全教育文件，以此一年的文件，可窥见国家、省市及该县城在安全教育上的重视程度。安全管理从校内到校外，从饮食、交通、节假到游泳，从幼儿园到高中，从强化观念到强化制度落实，无处不在，无时不在，层层加码，严格落实。

2004 年安全教育文件列表：

县级：

《县教体局加大校园周边环境综合治理力度》

《关于加强社会治安综合治理的工作意见》

《县职能部门与学校内外联动、双管齐下，携手整治，使校园周边环境明显好转》

《关于落实全县中小学（含幼儿园）安全事故报告制度的通知》

《关于在全县中小学开展"安全月"活动的意见》

《关于进一步加强春游活动及学校门卫管理等安全工作的通知》

《关于做好"五一"黄金周期间学校安全工作的通知》

《关于切实做好国庆节期间学校安全工作的通知》

《关于进一步加强全县教育系统安全管理工作的意见》

《关于进一步加强幼儿园安全工作的通知》

《关于"五一"节前对学校安全工作检查情况的通报》

《全县学校安全自查情况通报》

《关于加强学校安全工作情况的报告》

《关于切实加强学校安全工作的紧急通知》

《关于加强校内微机室安全管理的通知》

《关于进一步加强校园安全专项治理工作的紧急通知》

省市级：

转发市教育局《关于印发〈市中小学安全工作基本要求和评估办法〉（试行）的通知》的通知

转发市教育局《关于印发〈市中小学安全工作规定〉的通知》的通知

转发市教育局《转发教育部、省教育厅关于近期中小学发生楼梯间拥挤伤亡事故的紧急通报的通知》的通知

转发省教育厅《关于进一步加强学校安全工作的紧急通知》

转发省教育厅《关于对省依法治校示范校进行检查验收的通知》的通知

转发省教育厅《关于加强我省各级各类学校安全工作的紧急通知》

转发省教育厅《关于印发〈全省中小学幼儿园及少年儿童安全管理专项整治行动实施方案〉的通知》的通知

转发省教育厅《关于进一步加强中小学、幼儿园内部安全管理工作的紧急通知》

转发省综治委、省教育厅、省公安厅《关于进一步加强学校及周边治安综合治理工作的意见》和《关于深入开展安全文明校园创建活动的意见》的通知

转发省教育厅等五部门《关于做好2004年中小学生"安全教育口"活动的通知》

转发省教育厅《关于在全省中小学开展"安全月"活动的通知》的通知

教育部：

转发教育部、省教育厅《关于进一步加强校园安全工作的紧急通知》

转发教育部、省教育厅《关于预防溺水事故加强中小学生游泳安全教育的紧急通知》

转发教育部、省教育厅《关于加强中小学法制教育远离不良文化 过好

安全文明假期的通知》①

四、重管教和习惯的中专班

前文指出，在学校领导看来，进入职业高中的学生，一个是学习基础差，另一个是行为习惯差，前一个提升比较困难，但若能培养学生良好的行为习惯，对个人、家庭和社会都意义重大。这一点，在学校中专班的管理和教育上，体现得最为明显。

为确保规模办学，稳定生源，经县教育体育局同意，学校于 2006 年开始春季招生，实行春、秋两季招生。学校每年在中考前的 3 月在全县各中学开始宣传招生，承诺学生春季入学，不需要参加中考，就可以进入职高，学习专业技术，秋季可以直接上高中。所招的这部分学生被称为"小学的水平，幼儿园的纪律"，他们在中学成绩就很差，是全县中学老师最为头疼的一帮孩子，每年这个时候就盼着职高赶紧招走。这些学生也担心考不上高中，就提前来职高，希望到这里能学一技之长。3 月底进校后，统一编为春季招生班，9 月正式编为中专班。

在全校春季招生班工作会议上，几位学校领导就如何做好春招班的工作先后发言，共同表达的意思是：这些学生初中成绩差、行为习惯差，春招班的教师应该帮助他们改变人生观，养成良好的学习习惯和卫生习惯；要看到他们身上的闪光点，关爱并引导每一个学生，帮助他们走向成功。校长最后发言，再次表述了这些学生行为习惯的改变，具有"不是清华北大，胜似清华北大"的意义：

社会上说这部分学生是全县最坏的，我说职高没有坏学生，只有学习基础差的学生。（不管什么样的学生，即使基础差，也要重新开始，这才是老师的本分。）一违纪就让家长领走，这算什么本事。但严重违纪的害

---

① 材料来源：H 县教体局从 1998 年到 2010 年档案里所有的安全教育文件整理。

群之马，不能留下来，好比一个身体有一个毒瘤，小的时候可以治疗，大的时候就只能截肢了。

他们表面上坏，实际上是弱势群体。基础差、习惯差，他们是弱势的，是需要帮助关爱的群体，要从一点一滴去关注和帮助。从不听话到听话，从不扫卫生到扫卫生，从不问好到问好，都是点滴的进步。他们在班里听不进去，一动不动，一天九节课能坐下来也不容易，这需要极大的毅力，这就让我们佩服得不得了。要设身处地地为他们着想，讲课要有吸引力，要灵活教学，由浅入深；英语单词，从最简单的到最难的，慢慢教……①

校长最后说："这一部分人才培养对社会意义太大了。教育好就是人才，教育不好就是罪犯。工作意义比培养大学生大多了。把一个班管好了，是真实的劳动成果。"关于这些学生的来源，一位老师介绍说：

每年学校的人会下去招生，把简章发到各校。每个中学初三8%的名额，县城中学学校人数少些。这些学生基本都是学困生，基础差、行为习惯差，若中考的话总分645分连200分都拿不到。家长多在外面打工，孩子太小，打工不合适，就放到学校里了，混年龄，只要不出事，不违纪就行了。②

学生告诉我，在初三的招生中"底下初中班主任给学生、家长说好话，说职高的好处，可以提前上高中，走职业道路，有工作，还有每年1500元的补助。若中考考不上，再上就难了"。实际上，学生过来后，学校没有统一的教学计划，每门课都是任课老师自己讲，学生在这两个月里多是在无聊、无奈的情绪中度过的。一位教师说：

---

① "春季招生工作会议"记录，2009年3月。
② O教师访谈，020090324。

中学最重要的是初三后两个月，即使前面两年不学，后两个月通过紧张地复习也能跟上，从训练强度和内容上都是之前没有的，他们没参加就少了很多的东西。[①]

这些学生9月正式编为中专班，依然没有正式的教学计划。这部分学生比起高中B层职业类班学生的基础更差，且没有正规的考试训练。对口升学分数专科线二三百分，中专班学生能过线的寥寥无几。至于职业教师，更是缺乏，仅有的几位教师是普通类老师改行过来的，直到现在，学校一些职业类的课程教师，绝大多数都是普通类老师来照本宣科。

我刚回来是教政治的，现在又教高三汽修，今年高一这级有17个班，当时有3个化学老师，学校考虑到一个人带6个班太多，就把我叫过来了，说我改行比较快，而且汽修和化学还相通些，学校就临时拉人过来。[②]

这是一位来学校3年的教师的感悟，直到现在，这所学校的职业类教师多数还是由普通类的教师改行过来的。没有正规教学，没有升学压力，中专部就强调纪律、安全，只要不出事就行，成绩都无所谓了。这样作为职业中专，在职业培训和对口升学方面都是有名无实，实实在在的反而是"安全管理"。笔者后来当了春招生的班主任，工作了两个月，才深切地体会到这里安全纪律被极端地强调。有老师提醒我，当班主任要从一开始就对学生严格管理，不能和学生打成一片。年级负责老师经常说：

在学校4个年级中（高一、高二、高三、中专部），我们中专部这块虽然学习不行，但我们可以在其他方面和他们相比，这几年我们最自豪的是没发生什么大的事件，虽然平时小错、违纪时有发生。我们这块只要

---

① O教师访谈，020090324。
② P教师访谈，P20081215。

安全不出大问题，其他什么都好说，要不惜代价，想方设法把安全工作搞好。班主任这块确实辛苦，从早到晚确实累……我们平时累点，认真把工作干好，但是在干工作时，该严格的还严格，该批评的还批评，该训的还训。[①]

可见，"高中班管教学，中专班管纪律"，中专班这几年没出大事故是学校最引以为豪的。中专班的班主任从早到晚守着学生，每天大量的时间都花在处理学生纠纷、严格管教学生身上。中专班没有成绩压力，所以任课老师都不想离开，不像高中部，不仅学生基础差，还有成绩压力和管理压力。从2009年起，中专班每年组织部分学生到东南沿海企业进行"顶岗实习"。这些学生都是"90后"，初中刚毕业，很多还未成年，他们进入劳动力密集型的工厂中，很难适应高强度的工作环境，逃离率非常高，而且很多学生从工厂实习回来就退学了，中专班出现非常高的学生流失率（下一章会分析）。

这样看来，作为一个职业高中，既不以考试升学为重心，也不以职业培训为重心，既不是完全的普通高中，也并不是技术学校，非"职业"，亦非"高中"，反而却是以"安全管理"为中心。这两方面的考虑，一个涉及招生的问题，一个涉及就业的问题，两者的链接点就是学校的内部教学管理，这样学校能稳定招收学生，招录来又可以稳定进行教育管理，毕业时又能稳定地送出去。尽管按照校长所说，学校目前的安全管理赢得社会的广泛认同，学校风气也逐渐形成，看起来学校运转得很"协调"。但这恰是一种充满悖论的协调，背后反映了学校面临的种种困境，这种悖论的安全管理制度，正是学校面临多方困境不得已而采取的对策。

---

① 《年级春招工作会议》记录，2009年4月。

第六章

从学校到工厂：对"顶岗
实习"的分析

目前职业高中的这些学生都是 1990 年后出生的孩子，在职高学习时还未成年，他们已经不像父辈那样能承受恶劣的工作环境。一方面是工厂劳动需要大量的工人，另一方面是新一代的学生不像父辈那样愿意出去受苦，在这种背景下，H 县职业高中如何来定位自己的就业和实习方向呢？在具体的实习中，学校给予学生的教导管理是否与工厂的要求相适应呢？工厂劳动给学校发展和学生成长又带来了什么样的影响呢？这需要详细地考察目前的实习情况。本章通过分析 H 县职业高中在东南沿海一个工厂的"顶岗实习"活动，来回答这些问题。

一、"民工荒"背景下的"顶岗实习"

从 2003 年开始，新闻媒体开始大量报道东南沿海地区的"民工荒"。2004 年，劳动和社会保障部对几个劳动力输出和输入大省进行了调查，发布了《关于民工短缺的调查报告》，指出企业缺工主要发生在珠三角、闽东南、浙东南等加工制造业聚集地区，重点地区缺工 10% 左右。其中工资待遇低、劳动强度大、工作环境差的劳动密集型企业缺工问题最为突出，普通劳动力特别是年轻女工相对短缺。缺工最为严重的，主要是从事"三来一补"的劳动密集型企业，集中在产品竞争比较激烈的制鞋、玩具制造、电子装配、服装加工、塑料制品加工等行业，部分台资企业和中小型私营企业缺工尤为严重。[1]

---

① 劳动和社会保障部课题组：《关于民工短缺的调查报告》，《中国劳动保障报》2004 年 9 月 11 日。

差不多同时期，2005 年 10 月国务院发出《关于大力发展职业教育的决定》，指出职业教育仍然是我国教育事业的薄弱环节，人才培养的规模、结构、质量还不能适应经济社会发展的需要，其中提出要大力推行"工学结合、校企合作"的培养模式，并第一次明确规定中等职业学校在校学生最后一年要到企业"顶岗实习"，高等职业院校学生实习实训时间不少于半年。① 为贯彻这一文件精神，2006 年 3 月教育部发布《关于职业院校试行工学结合、半工半读的意见》，明确规定："有组织地安排学生到企业等用人单位顶岗实习，完善以学生实习补贴发放、劳动保护等为重点内容的实习管理制度，保证学生获得合理的报酬，补贴他们的学习和生活费用。"②

2008 年在国际金融危机的影响下，我国东南沿海地区又出现新一轮的民工荒。2010 年教育部发出《关于应对企业技工荒　进一步做好中等职业学校学生实习工作的通知》，明确指出是为了"积极应对当前我国部分地区出现的技术工人短缺问题"。该文件具体规定："中等职业学校要积极组织三年制学生在第三学年和四年制学生在第四学年到生产服务一线参加顶岗实习。对于当前企业急需的技术工种，中等职业学校在确保教学任务完成的情况下，可对专业对口的学生采用更加灵活的方式，把学生实习与企业技工需求结合起来，改变传统的学习、实习方式，科学合理地安排好学习和实习，实现校企合作双赢。"③

可以看到，从 2003 年"民工荒"出现后，国家就有意识地发动职业学校开展"顶岗实习"活动，并明确提出职业学校向"校企合作"的办学

---

① 国务院：《关于大力发展职业教育的决定》，中国政府网，2008-03-28。
② 中华人民共和国教育部：《关于职业院校试行工学结合、半工半读的意见》，中华人民共和国教育部网站，2006-03-30。
③ 中华人民共和国教育部：《关于应对企业技工荒　进一步做好中等职业学校学生实习工作的通知》，中华人民共和国教育部网站，2010-03-10。

模式转变，以此来应对东南沿海工厂的民工荒问题。这在某种意义上，又恢复了中华人民共和国成立后一些技术学校与所属国有工厂企业推行的"半工半读"模式。这样的模式，对学校和工厂企业来说是"双赢"的。不过，不同于计划经济时期的"半工半读"模式，这时"校企合作"中的学校和企业，没有计划经济时期的隶属关系，需要在市场经济中相互合作、相互协商。

在市场经济中，学校和企业双方，如何才能形成良好的沟通和合作关系，如何才能真正把学校的技能培训和工厂的技能操作配合起来，涉及招工、介绍、培训和实践等多个环节。在实际中，出现了地方政府主导和私营劳务派遣公司两种主要的派遣方式。前一种方式，是指一些地方政府借国家鼓励职业学校开展顶岗实习的活动，采取行政手段分配任务指标给当地的职业学校，有组织地向引进的外资工厂输送学生工。这种方式，最为典型的是富士康与地方政府的合作，都是当地政府给职业学校层层下达指标任务，保证工厂劳工数量。

在地方政府大力招商引资，但又普遍缺工的背景下，这种方式可以很快满足地方政府、企业工厂和当地职业学校的不同需求。对于当地的职业学校来说，最重要的是完成政府下达的指标任务，否则就会影响学校的考评。至于学生所学专业是否对口，学生的职业技能是否能够提升，学校是否能够与企业在市场经济条件下建立长效的"校企合作"模式，都不是重要的。在政府强力推动下的学生实习，职业学校实则沦为富士康的劳动力来源机构，学生职业技能的提升则无从谈起。[1]

由此可知，在政府主导下的"顶岗实习"，这些职业学院的学生，更多的是作为廉价劳动力"被动"地被输送到工厂，而不是出于对口的职业技

---

[1] 潘毅、李长江、邓韵雪：《富士康扩张过程中的权力与资本：2012年度"两岸三地"高校富士康调研报告之一》，《中国工人》2012年第7期。

能培养而开展的。当然，需要特别说明的是，尽管一些报告指出富士康工厂的劳动强度大、食宿环境差，但富士康毕竟是海内外有影响力的大企业，也有政府出面的保证，各方面条件比起东南沿海一些有外资背景的中小企业来说，已经好很多了。学生也更倾向于去富士康这样大的企业工厂实习。

二、工厂与学校：劳动力的短缺与供给

地方政府主导"顶岗实习"，仅仅只限于与地方政府有合作关系的知名企业，如富士康这样的外资企业。实际上，在东南沿海还有很多中小型的劳动密集型工厂，它们的工作环境更差、待遇更低，也更缺劳工。20世纪末至21世纪初，中国是全球最大的"世界工厂"，其充足的劳动力、原材料以及广阔的消费市场都已成为全球企业相互竞争的地区。工厂的劳工实际面临着待遇低、纪律严、工作时间长、环境差的现实。[1] 国家大力推行的"校企合作"，更多的是在市场经济下，双方在自愿、平等的基础上展开合作，开展"顶岗实习"活动。而地方政府作为行政主体，也不便参与到"顶岗实习"活动中。在这种背景下，兴起了很多样式繁多的私营劳务派遣公司（以下简称劳务公司），专门经营各种劳务输入和输出活动。这种劳务公司，实际上是当下校企合作中重要的中介方式，普遍存在于一些工厂和职业院校的合作中。这究竟是一种什么样的公司，在学校和企业之间如何协调？在这样的方式下，学生的招聘、培训和工厂实习如何开展？这种方式，对工厂、学校和学生，又产生什么样的影响？

（一）社会工的短缺与外包

这几年与学校合作的工厂是台湾一家名为圣为的独资企业。该企业有新老两个制造工厂，总人数有2万人。老厂有1万人左右，主要做一

---

① 任焰、潘毅：《跨国劳动过程的空间政治：全球化时代的宿舍劳动体制》，《社会学研究》2006年第4期。

些模具、机床、冲压方面的业务，工人以技术工人为主；新厂也有1万人左右，比起老厂，加了代产笔记本外壳的业务，如NB1、NB3部门，工人以社会工、学生工为主。NB1、NB3这两个部门没有技术含量，市场竞争也激烈。工厂本来还有个NB2部门，在2008年国际金融危机的时候关闭了。在工厂里，存在技术工、社会工和学生工三种不同类型的工人。不同类型的工人，性质、技能和地位有明显的不同。

技术工，是工厂里有丰富工作经验、有过硬技术能力的一线工人。这些技术工人，集中在老厂的冲压、模具、车床等有技术含量的部门职位，人数较少，年龄较大，但工资、福利和地位相对较高。这些一线技术工人，对工厂机械设备的保养和技术能力的革新来说，极为关键。不像流水线上的普通劳动工人，可以随时替补或更换，这些技工都各有一技之长，且经验丰富，是市场上非常缺乏的技术人才。因此，这些少量而又极为重要的技术工人，就由圣为公司自己招聘，公司提供优质的福利待遇，对技术工人也较为尊重。这些技术工人，长期在工厂工作，也比较稳定，流失的人极少。这与大量短缺而不稳定的社会工，需要劳务公司来招聘，形成了鲜明的对比。

社会工，是工厂需要人数最多，以简单机械劳动为主的工人。这些工人集中在新厂的NB1、NB3部门和印刷车间三个部门，劳动强度大，工作时间长、待遇低、技能要求低，很多工人是不愿意来做的，工人的流失率也高。东南沿海大量工厂出现的"民工荒"，其实就集中在这些部门。如2004年劳动和社会保障部的调研报告所指出，缺工最为严重的，主要集中在产品竞争比较激烈的制鞋、玩具制造、电子装配、服装加工、塑料制品加工等"三来一补"的行业企业，这些企业工厂多为劳动密集型企业，集中在台资企业和中小型私营企业之中。[①] 而这家名为圣为的台资企业，

---

① 劳动和社会保障部课题组：《关于民工短缺的调查报告》，《中国劳动保障报》2004年9月11日。

就是典型的以生产电子装配为主的劳动密集型企业，缺工问题也尤为严重。

因为这部分工人较多，且缺工严重，为了维持生产，工厂就通过劳务派遣公司来招聘工人。工厂选择什么样的劳务公司，会考虑哪些因素？工厂相关部门的人员介绍说：

> 最主要的一个就是人数。就是说，我要人，你随时能给我供应。因为工厂不能停产，如果说我要忙的时候，你给不了人数，耽误我活动，就赔大了，第一个是人数，要人的及时性。第二个就是说，要便于管理，员工素质方面，老是打架这样的，肯定是不喜欢的。①

这就是说，因为这部分"社会工"需求量最大，而且也不稳定，通过公司的人力资源部门专门去招聘不仅成本高，而且也难以维持这些劳动工人供给的稳定性。尤其是工厂生产经常会有淡季和旺季，加上劳动力市场上的"民工荒"，公司的人力资源部门就很难按时保证招到大量的劳动工人。在这种情况下，公司就把这部分量大而又短缺、不稳定的"社会工"的招聘任务，外包给劳务公司。对工厂来说，选择什么样的劳务公司，首要考虑的就是劳工供应的及时性。劳务公司要能随时供应工厂需要的劳动力人数，否则工厂就会停产。

第二个考虑的因素，就是便于管理。临时招收这么多的社会工，在工厂内如果管理不善的话，也会影响工厂的生产效率。来自社会招聘的社会工，在很多工厂工作过，阅历丰富，了解中介公司和工厂的运作和规则，自主性也较强一些。在工厂，此前也经常发生社会工不满工厂和公司的管理而殴打管理者的事件，且随时离职。因此，劳务公司不仅需要保证劳工供应的及时性，还需要能够管理好招进来的工人，这就对劳务公司提出了

难题。既能保证劳工供应的及时性和稳定性，又便于管理，来自各个职业学校的学生，可以说是工厂和劳务公司尤为青睐的招聘对象了。

此前，圣为主要与一个名为伊克斯的中介公司合作，由伊克斯公司完全提供劳动力的供给。这些年圣为也与其他劳务公司开展合作，到2011年共有6家中介公司为其提供劳务服务，伊克斯只是其中之一。这既能解决因公司生产业务不断扩张而带来的劳动力供给问题，又能增强劳务公司之间的竞争。当然，伊克斯也与其他企业工厂合作，而圣为公司是伊克斯最重要的客户。伊克斯与圣为合作已经有四五年了，相对来说，它们之间的合作关系还是比较稳定的。

伊克斯公司，主要从事人才派遣和企业管理咨询服务，其中的人才派遣劳务分公司于2007年成立，主要为中小企业提劳务派遣和生产线外包业务，现有员工20余名。伊克斯在圣为工厂有自己的办公室，下设副经理、项目主管、文员、会计和对外招聘员几个职位。项目主管协调工厂和学生的关系，文员负责工资报表，对外业务员负责拓展学校和招聘学生工。这些员工都属于伊克斯公司，跟工厂没有隶属关系。伊克斯不仅管工厂招人，还参与工厂管理，工厂定期给伊克斯报酬，相当于把员工的招聘管理外包出去。

伊克斯招到的工人，主要是输送到新厂的NB1、NB3或印刷车间这几个部门，这几个部门的工作没有技术含量，只需简单的机械操作。伊克斯中介公司从社会上招收社会工，从学校里招收学生工，源源不断地把劳动力输送到圣为工厂，并在工厂中负责管理招来的社会工、学生工。新厂里有1万左右的工人，在NB1、NB3和印刷部门的学生工能占绝大多数。这些学生从各地职业学校被招来，来工厂"顶岗实习"。

（二）学生工的招收与顶岗

学生工，是中介公司为拓展学校业务，从职业学校输送的实习学生。工厂为什么倾向于大量使用学生工呢？比起社会工，学生工有什么优势？

工厂是否会考虑学生的知识、技能上有突出的地方呢？工厂相关部门的人员介绍说：

　　这个主要原因是社会工比较难招。社会工每天也是通过中介进去的。那些中介毕竟招到的人很少，每天能送 200 个人来就算比较多的了。而通过学校就不一样了，多的一次就来五六百人，少的也有一两百人。所以拓展学校也有这个方面的原因。第二个，学校还有老师在这，还可以帮我们管理。[①]

　　可以看出，对于工厂而言，选择学生工，最主要的考虑是学校的学生可以被大批招过来，满足工厂对大量短缺劳动力的需求。因为这部分缺工严重，为了维持生产，工厂就通过中介公司拓展学校业务，主要招收职业学校的学生工来"顶岗"。在整个工厂里面，劳务中介公司招收的 4000 名工人中，学生工就有 3500 人，社会工仅有几百人。尽管工厂每天也有学生工离职，但有源源不断的学生工供应，足以保障工厂的连续生产。此外，招收学生工还有一个重要的考虑，就是便于管理。如工厂管理人员所说，"学校还有老师在这，还可以帮我们管理。出了问题，学校老师都有责任"。带队实习老师介绍说：

　　一是工资待遇低，二是如果通过伊克斯来招人，那我们学生就是伊克斯派遣到圣为去上班的，也就是说，我们的学生实际上还是为伊克斯服务的。所以学生一旦出了什么意外，圣为就是说我不管，由伊克斯全权来处理这个问题，风险就相当于嫁接出去了，我圣为只管生产，招人或者打官司你找伊克斯去。[②]

---

① LM 访谈，LM20110707。
② W 老师访谈，WL201107013。

由此可见，工厂通过劳务公司招收学生工，可以很好地把管理责任转移到中介公司和学校。技术工人进入工厂后，与工厂签订合同协议，享有国家法定的福利待遇和权益保护。而从社会招收的社会工，有社会阅历，个体意识强，不服从工厂管理，给工厂的生产管理带来很多难题。相反，学校的学生，没有社会阅历，比较听话，也不清楚中介公司、学校和工厂的关系，维权意识淡薄，加上驻厂老师在，多服从管理。劳动力的无限供给，还便于管理，工厂当然很乐意招收这些职业学校的学生了。

当然，不管是社会工，还是学生工，在工厂工作达到一定时限，如果愿意的话，也是有机会留在工厂成为正式工人的。社会工，到工厂工作1年以上，就可以申请转为正式工，与圣为工厂签订正式协议，归工厂管理，享受正式工的待遇。学生工，如果想留下来的话，可以向学校提出办理退学手续，像社会工一样完全归中介公司管理，和学校就没有关系了。归中介公司完全管理的学生，留在工厂工作1年以上，可以申请转为工厂的正式工，之后就和中介公司没有任何关系了。

工人的缺工和工厂的用工，不同时节会有很大的不同，因此工厂对不同类型工人的需求也很不一样。一般来说每年3月，中介公司从社会招收的社会工所占比例要大一些，因为这时一般的职业学校都刚开学，学生工会少一点。此外，每年3月，很多人也是刚过完年要出去打工，社会工相对来说会比较充足一些。到了四五月，工厂订单多的时候，工厂就很忙了，就很缺人。一般这个时候学生工就陆续被输送过来，人数不断增加。此时也是学生工最忙的时候，比如4月，学生工基本上1个月就休息1天，基本每天加班，每天工作12个小时以上，晚上12点半下班。到六七月暑假时，很多学校学生来打暑期工，工人相对来说就比较充足了。到了9月，一些学校开学，学生工就少了一些，但这个时候工厂用工也比较稳定了，这样一直持续到年底。过年的时候，不管是社会工，还是学生工，都是最缺乏的。为了保证年后工厂生产顺利进行，这些劳务公司都会在年前联系认识的社会工，希望工人能早点返回到此前的工厂工作。

（三）职业学校的学生输出

以伊克斯为代表的这些劳务公司，如何能在短期招到大量的劳动力，如何能及时而稳定地为工厂供应劳动力呢？在同时期，国家要求职业学校开展的"顶岗实习"活动，恰恰给这些劳务公司和工厂企业提供了源源不断而又便于管理的学生劳动力。众多的劳务公司和职业院校，围绕"学生工"的劳务输出，开始相互合作和竞争。中介劳务公司拓展业务，会选择什么样的职业学校来开发呢？会考虑到哪些因素呢？带队的老师告诉我：

> 扩展考虑的第一个就是，可能条件比较差的，或者比较穷的那些地方。穷人的孩子早当家，能吃苦一些，这是一个。第二个它是选择那种一下子能够提供很多人的一些学校，人多嘛一次性，他就免得经常出去嘛，节约成本。第三个可能从经济方面考虑嘛，尽量就是说投入时候能够少给一点，这样的学校。反正现在就是说，不是我们学校求企业。[1]

可以看出，中介公司主要考虑的是学生的数量和忍耐力，尤其是忍耐力。工厂环境比较艰苦，劳动强度大，很多学生离职。因此，中介公司在拓展学校业务的时候，一般都会选择中西部偏远地区或山区的学校，这些地方相对来说经济条件较差，学生相对来说能吃苦。当然，这也和职业学校所在地的企业工厂发达程度有关，东南沿海地区工厂企业多，相对来说，这些地区的职业学校就在当地实习，不会去其他省份。从表6-1列出的2011年7月在圣为工厂开展"顶岗实习"的院校名单，可以看出参加的学校绝大多数都是中西部地区学校，而东南沿海的职业学校根本没有。

---

[1]　W老师访谈，WL201107013。

表6-1 2011年在圣为工厂"顶岗实习"的院校

H县所在市辖学校	L县一职高（100人）	S县职高（150人）	L县二职高（150人）	B县职高（100人）	市六职高（300人）	市技校（100人）	H县职高（200人）	市职高（500人）
H县所在省辖学校	××医学院	××职高	××电脑学校	××职业教育中心	××食品学院（7次）			
其他省市学校	云南经贸学校（6次）	西安电子科技学院	江西大宇学院	云南医科学校	甘肃天水红专学校	山东菏泽石油化工		

（注：数据统计时间截止到2011年7月10日）

这些参加的职业学校，几乎都是中西部地区的职业学校。其中云南经贸学校与圣为工厂合作时间最长，实习次数最多，到2011年7月已经到该厂参加6次了。该学校每次实习9个月，每次都是200人左右。该学校每年还有约300名的学生到其他工厂实习，加上到圣为的200人，每年总共有500名学生在外实习。H县职业高中所在省的××食品学院，也是到该工厂实习的大户，参加人数比较多，每次至少500人。该学校2008年就与圣为工厂开展合作，每年来两次，到2011年7月已是第七次。该校是民办学校，学校有1万多人，规模比较大，校内的专业多是与食品加工相关，学生到工厂却做笔记本外壳方面的工作，与原专业没有任何关系。

H县职业高中，2009年才与圣为工厂开展"顶岗实习"合作，到2011年7月共开展了3次，每年有200多名学生参加，每次实习4个月。H县所在市辖的职业学校几乎都到圣为工厂参加实习，每次参加人数从100人到500人。其中市职高到2011年7月也是共参加了3次，每次人数较多，共有500名学生。一个地区的职业学校都到圣为工厂工作，也说明了伊克斯的中介公司是有意识地拓展整个地方的职业学校。

由此可见，工厂和劳务中介公司选择学校时，考虑的最主要就是学生的数量和忍耐力，至于学生的专业、学历和技能，都不是工厂所考虑的。

在圣为工厂笔记本外壳业务机械操作的流水线上，有大专、中专的学生，也有技校、职业高中的学生；学生的专业各式各样，医学、食品、计算机、数控机床、市场营销等都有；学生的年龄都在18岁左右，也有很多不满18岁的学生。按照规定，这些学生应该是在入校两年后，也就是说，在最后一年出来实习锻炼，但实际上，很多进入职业学校的学生，还没待几天就被直接送到工厂了。圣为工厂对这种雇用"童工"的情况睁一只眼闭一只眼，只要能保证劳动力的及时供应，其他的都不关心。

当然并不是所有的职业学校，都愿意通过劳务中介公司与工厂合作，如H县所在市，尽管大部分市/县职业学校都到圣为工厂实习，但有两个县城的职业学校没有参与。这两所学校的校长怕出事，学生出去了难管，去了不放心，就没有参与。国家虽然政策推行校企合作的"顶岗实习"，至于与哪个企业工厂合作，到哪个地方实习，还是由职业学校自己来定。地方相关部门，尽管也会鼓动一个地区的职业学校都到一个工厂集中实习，但也并不能强迫，最终还是要尊重学校自己的意愿。

此外，在劳务派遣市场中，有多个劳务中介公司，相互之间也是竞争关系。很多的中介公司到学校去竞争，学校掌握主动权，这不像以前20世纪90年代时期的"订单培养"，要学校去求企业开展合作，提供实习岗位。现在转变过来了，学校只要有学生，只要有人，就不愁没有实习的地方。

三、在工厂劳动中的"学生工"

2010年"两岸三地"高校富士康调研组发布《"两岸三地"高校富士康调研总报告》，对富士康中学生工的劳动、纪律与生活情况，以及违反学生权益的情况作了揭露。报告指出富士康是以实习之名，滥用与剥削学生工，剥夺了学生的受教育机会，要求实习生与未成年工人进行高强度、超时限的劳动，损害了学生工的合法权益，其本质是资本主义对第三世界工人的剥削和压迫。①

尽管上文我们也指出，学校、工厂和劳务公司共同组织的"顶岗实习"，实则是把广大学生送到工厂，作为廉价的劳动力来使用，但是否意味着学生就是完全被动的、受控制的和剥削的，这就需要我们来具体分析学生在工厂这几个月的实习究竟怎么开展？学生的日常管理、劳动过程和适应程度是怎样的？工厂实习给学生带来什么影响？

（一）工厂的纪律与惩罚

学生在工厂实习期间，学校带队老师仍然是学生安全和管理的第一负责人。这些"学生工"的身份还是在校生，学校的学籍依然保留，所以学校对学生外出实习的安全，依然要负主要责任。每个学校每一期都会派几位带队老师驻厂，和学生同住同吃，管理学生生活。男女老师都有，方便管理男生女生。一般 200 人左右的学生，会有 3 名到 5 名老师随同带队。带队老师代表学校，负责学生在工厂的安全和权益保障，并随时向学校通报学生的违纪、意外和离职情况。带队实习老师主要负责厂外学生的管理，并给予学生生活上的帮助和心理引导。②

学生来到工厂，先要参加笔试和面试。笔试是一份较为简单的试卷。大部分考一些小学的加减法、四则运算题。笔试要求 60 分及格，但一般情况下，没有到 60 分的话也能进面试。还有英语考试，写 26 个英文字母就可以了。面试主要由劳务中介公司来负责，圣为工厂的人事也要参与，其实就是简单和学生聊几句，看看学生的性格和心理是否有什么大问题。工厂担心过于内向的学生，心理可能会有问题，容易出事，就可能不要。

---

① "两岸三地"高校富士康调研组：《"两岸三地"高校富士康调研总报告》，网易科技网，2010-10-09。

② 2010 年 9 月"两岸三地"高校富士康调研组的调研报告，认为学生在工厂实习一个首要的怪象是"老师当监工"。报告把学校带队老师完全等同于"工厂监工"的结论是有些武断的。从本文实地的调研来看，带队实习老师主要负责厂外学生的管理，并给予学生生活和心理的帮助和积极引导。至于车间内的劳动，是由工厂来具体监督和负责的，而不是学校带队老师。

学生还要参加体检，看有无重大疾病或传染性疾病，身上是否有烟疤或者刀伤。如果有的话，这类学生是不要的。因此，学生在笔试和面试阶段，基本不会因成绩或技能等问题而被刷下来，但在性格、体检方面，有不达标的会被刷下来。

笔试、面试后，工厂会组织简单的培训，介绍厂里的规章制度，告知学生在厂里的注意事项等。两天的入职培训后，学生就开始上班了。H县职业高中约200名的学生3月到工厂，参加笔试和面试之后，都被分配在NB1、NB3两个笔记本外壳加工的部门。学生主要做贴膜之类的简单劳动，工厂更喜欢女生一些。女生一是便于管理，不打架闹事；二是韧性也好一些。因为笔记本外壳加工是简单机械的重复劳动，需要长期久坐，有时要坐十多个小时，女生的韧性和耐性比男生好些。

工厂车间负责学生的劳动管理。每天的日常工作由工厂安排并监管，工厂里有严格的考勤、纪律和等级制度。工厂里的科层级别，最高是经理，下边是副经理、课长（分正课长、副课长），再就是组长、线长、万能工，最下面是普通工。一个车间有好几组，一组四个流水线，学生就分配在流水线不同的位置上，做着简单重复的劳动。在流水线上，学生接触最多的就是线长。线长每天给学生安排工作任务，并监督学生工作情况，记录旷工、违纪和请假事宜。每个线长负责一条流水线，课长管整个车间。每个线长手里有个记录本，谁违反纪律就记一下。比如哪个学生今天迟到或旷工，当天报到工厂，第二天给学生处罚单，处罚单上有处罚的原因，让学生签了，然后线长把这个单了报到工厂行政部门，行政部门再交给财务，财务记录在册，从工资里扣钱。

工厂劳动分白班和夜班，白班从早8点到下午5点，但一般要加班到晚上8点，共12个小时；夜班时间从晚上8点到第二天早晨8点，共12个小时。白班工作时间内，仅有两次休息时间，每次各10分钟，分别是上午10点到10点10分、下午3点到3点10分；夜班也仅有两次休息时间，每次各 10 分钟，分别是晚上 10 点到 10 点 10 分，凌晨 3 点到 3 点 10 分。就餐规定是分批次进餐，中餐、晚餐各只有 30 分钟开放时间，分到各个批次进餐时间仅有不到 10 分钟。工厂最初规定，学生每两周休息一天，但到了 4 月工厂最忙的时候，基本上一个月只能月底休息一天。学生分成白班和夜班轮流工作，保证生产线 24 小时不间断地运转。

与富士康相比，圣为工厂的劳动强度就更大了。带队老师告诉我，富士康中学生工的工作时间是 8 小时，尤其经过新闻媒体报道之后，各方面都调整了很多，学生被强制加班的情况也改善了。而在圣为工厂，不管是白班还是夜班，都是 12 小时强制的工作时间。学生如果不愿意、不想加班，线长会把学生的厂牌收了，他们连车间大门都出不去。学生是押一个月工资的，不干的话，工资就没了。不仅如此，富士康的流水线运转速率也没有圣为工厂快，圣为工厂基本是 3 秒流一个，速度很快，需要学生手不停地动。富士康工厂的流水线流得很慢，中间学生还有玩的空隙。

图 6-1 笔记本外壳

图 6-2 车间生产流水线

在圣为工厂中会有严格的管理规定，学生要按时上班、打卡，要按规定时间劳作、吃饭，有违纪的情况都会被记录下来，按照奖惩规定，与工资挂钩。如工厂规定，迟到、早退 1～15 分钟者扣除当日总薪资的 50%；迟到、早退 15 分钟以上不超过 30 分钟者当日总薪金全部扣除；试用期内旷工 1 天计大过一次扣除当天工资并作辞退处理；员工上下班必须打卡，若存在上下班故意不打卡则记为旷工。在这些管理规定中，学生违反比较多的就是旷工。长期连续的劳动，让学生非常承受不了，偶尔想休息或想出去玩玩，就被记为擅自旷工。工厂和公司最担心的就是学生旷工。旷工的话，生产线的运转就停了，就要调整人员。

圣为工厂的惩罚形式，依次是记红苹果、记过写报告、开除。记一个红苹果罚 5 块钱，记一个绿苹果奖 5 块钱，罚写一个报告扣 30 块钱，记大过扣 270 块钱。学生违纪，工厂交给中介公司，让学生写报告反省，写完之后再教育一下。开除是最严重的惩罚方式。开除有三种情况，一是因为动作太慢，无法适应工厂里面的工作。二是代替别人打卡。每天打卡与学生的工资息息相关，不能代别人打卡，一经发现会被立即开除。三是学生和线长顶撞，可以开除，也可以记大过。学生工多的时候，工厂就倾向于开除，开除后学生领工资就离职了。

学生工中，如果干得好，会被提升为万能工，或者是线长助理，帮助线长负责管理整条流水线。万能工不用固定坐在一个位置上，可以在一个流水线上来回转，哪里需要也可以顶上去。如某一个学生要上厕所，流水线不能停，万能工就顶上来。万能工比起其他学生工每个月会有 100 元的补贴，干活比较踏实、比较认真，在学生中有威信，而且和线长关系好的人可以被提为万能工。学生在熟悉了这些情况后，也都明白要和线长搞好关系。

对学生来讲，在工厂实习最为关心的就是工资条。中介公司除负责招聘学生外，还负责学生在工厂的日常管理，如有人在工厂里犯错，线长打电话给公司，公司把学生叫到办公室进行教育，再把带队老师叫过来，两边共同对学生进行教育。但中介劳务公司核心的工作是制作工资表、发放学生工资。如果是正式工的话，工厂财务处会直接把工资发放给工人。而学生工，并不是正式的工厂工人，招聘和管理都是由中介公司和学校负责。因此，学生工的工资，先是工厂把学生在工厂的原始工资表交给劳务公司，劳务公司根据学生的奖励和惩罚情况，增加或扣除之后，再发给学生。

学生一个月的底薪是 1140 块钱。一个月除星期六、星期天外干满 20 天，正常上班，1140 块钱就拿到了。如果迟到或早退，就要在 1140 块钱的基础上按规定扣钱。提前 1 个小时下班，扣除半天工资；提前 2 个小时下班，扣除全天工资，以旷工论处。工厂忙的时候，学生需要加班到晚上 8 点之后，也就是一天 12 个小时，从下午 5 点到晚上 8 点的时间就是平时加班，加班费约每小时 8 块 1 角。夜班津贴是专门补偿那些上夜班的学生，一般从晚上 8 点上到第二天早上 8 点。假日加班是周六日，双倍工资，每小时是 11 块 4 角。每个学生的底薪都是 1140 块钱，扣款、奖励大致也都一样，差异最大的就是平时加班费和假日加班费，加班多的学生会高出一两百块钱。有学生告诉我，他刚去就拼命地加班，只抢假日加班，别人休息他干活，这样可以拿双倍工资。因此，每个月学生最后的实发工资为 1140 块钱到 3000 块钱。

工资条中，还有月薪病假扣款，请一天病假就相当于一天只有 80% 的基本工资。事假扣款，有事请假的话，一天都没有工资，不像病假还有平均 45 块钱的基本工资。食宿扣款，一个月是 330 块钱，包括食堂和住宿费用。商保是指商业保险，每月每人 20 块钱，每个人都必须交。如果是正式工，就有正式的医保卡。考评卡工本费是指平时戴的厂牌的工本费，交一次就可以了，如果厂牌丢了的话，就要花 60 块钱补办。借款，即学生生病了，没带多少钱，可以提前向公司预支一些工资。学生工有学校和带队老师的担保，把钱先预支出来，并从下次工资里扣，而社会工一般就预支不了。如果发现自己的工资表与自己的实际工作时间不符，除非有确切的证据，才可以就工资的问题向工厂、中介公司提出核实，把证据拿出来，工厂会在下个月补上，没有证据的话基本就不了了之。每个学生都极为珍重地保管着工资条，因为这是自己朝思暮想的劳动成果。

（二）适应、离职与辍学

到工厂最初的一段时间，学生最不适应的一个是饮食习惯，另一个是持续地加班，还有一个是觉得工作太单调了。圣为工厂的食堂，和车间在同一栋楼，到了午餐、晚餐的时候，每条流水线会有组织地轮流去就餐，每条流水线吃饭时间不到10分钟，匆忙吃完后就回工厂继续工作了。学生形容工厂的食堂是"圣为、剩菜加剩饭"，饭菜简直比学校差远了。很多学生每天中午坚持不吃，就等着晚上下班，一下班换个衣服，马上跑到厂区大门对过的马路小吃街，好好犒劳一下自己。

作息时间上，学生刚开始来工厂正赶上工厂最忙的时候，本来白班的时间最晚到晚上8点，但工厂经常临时加班到晚上12点。有些学生还要上夜班，几乎日夜无休。工厂的工作环境也较差，长期工作学生也难以忍受。一进工厂车间，就能听到四周嗡嗡作响的机器声音，还有一股浓烈刺鼻的化学味道。学生刚到工厂，工作环境和劳动强度都不适应，特别是3—4月，请病假的人占40%～50%，每天有七八个学生要请病假。此外，学生每天都做同样的工序，时间长了，学生觉得"没意义、太单调了"，除了上班就是下班，会产生强烈的厌倦感。

不过，对于学生来说，在工厂虽然工作艰苦，加班劳累，但毕竟脱离了父母和学校的管理，自己还能够挣钱，只要一下班就是完全自由的。学生说，下班后"想怎么花就怎么花，想怎么玩就怎么玩"，可以外出上网、滑旱冰，还可以购物、聚餐。在工厂中，很明显能感觉到，学生一下班就个个打扮得非常潮流，完全不是在工厂劳动时的样子，更不是学校里的学生模样。不像在学校里，上下课都有老师的监管，回到家里还有父母的管束，在工厂里只要下班就是完全自由的。个别学生实习结束后，很大程度上觉得在外面闯荡更自由，自己挣钱自己花，不愿回学校过老师和家长都管束的生活，于是选择办理退学手续，继续留厂工作。

到工厂最开始的一个月是关键点，能适应的学生就坚持下去了，适应不了的就想离开工厂回去。一个月后离职率也达到一个高峰。对于离职，中介公司和学校两方面都很不愿意，毕竟走一个学生，三方都会损失不少。中介公司要向工厂交代，离职的人多了，生产线停工，圣为工厂也就不愿了，毕竟招一个人很难，他们也希望学生都很稳定。带队老师上面有学校，要定期向学校汇报学生的离职情况，这关系到离职学生的安全和去向问题，也关系到学校和中介公司的合作。学生想离职的，中介公司至少一个星期才能批下来。学生特别想回家的话，都想尽快回去，于是就以各种特殊的理由向带队老师和中介公司请求离职。带队老师在处理学生离职的事情时很纠结，有时候又想顾及学生，有时候又想顾及学校和工厂。所以，带队老师也看每个学生的具体情况，实在待不下去的学生，就由一个带队老师集中带三五个学生一同返回学校。

H县职业高中，从2009年开始第一次外出到圣为工厂开展"顶岗实习"，到2011年7月，已经开展了3次。第一次是2009年秋，主要是中专一年级学生参加，也有少量二年级的，共去了64个人，实习结束回来了55个，剩下9个人离职了。第一次离职率较低，实习结束后也全部回来了，没有留厂情况。第二次是2010年上半年，去了250个人，最后回来了125个，其中有12个留厂。这次实习了5个月，离职率比较高，接近50%。主要是住宿条件不好，还在厂区外住，每天坐车上下班，宿舍条件比较艰苦，很多学生受不了。第三次是2011年上半年，实习了4个月，住厂里宿舍。这次去了222个学生，最后回来了138个，其中有8个留厂的，中间离职的有76个，离职率达到34%。市里的职业学校，包括大专或职业高中，离职率就更高了。如L县隶属的市六职高，他们离职率一般在50%左右，达到一半。

4个月的实习期，让学生短暂地接触了社会，也让学生的"心"很难再回到学习上了。学校的生活本就枯燥无味，尤其中专的课程，没有统一的教学安排，还有严格的管理，学生天天只能昏睡混日子，等待每个月最后一天放假出校。去工厂实习外出一趟，不管是中途离职回来的，还是坚持实习结束回来的学生，下学期大多数学生就退学不上了。中专部外出实习的学生，回来后流失率达到一半。新生入学中专部有 6 个班 300 人，到最后不到 100 人了，学校只能把两个班合一起，基础课一块上，文化课分开上，到中专三年级还能参加对口升学考试的人更是寥寥无几。

四、顶岗实习带来了什么？

为期 4 个月的实习结束了，但工厂的"顶岗实习"究竟给学校和学生带来什么影响呢？学校给予学生的教导管理是否与工厂的要求相适应呢？基于上述分析，我们可以得出以下观点：

（一）"顶岗实习"与专业实践、技能培训关系不大

全国各职业院校推行的"顶岗实习"，是在我国东南沿海劳动密集型产业工人短缺的背景下产生的。学校、工厂和劳务公司，把广大学生送到工厂，作为廉价的劳动力来使用。学生是被动输送到工厂的，而不是职业教育体系和经济体系良好适应的结果。工厂对学生的专业、知识、技能都没有特殊的要求，在"民工荒"的背景下，希望尽可能地留住学生维持生产线的运转。中介劳务公司拓展学校业务，对学生的学历和专业根本不予考虑，多种多样专业的学生被集中到劳动密集型工厂里，共同从事笔记本外壳加工这样简单机械的操作。来自职业学校的学生工，既能保证劳动力的及时供应，又能便丁管理，是工厂和劳务公司非常乐意的招收对象。

（二）工厂更愿意使用遵守纪律、吃苦耐劳的学生工

比起社会工，工厂更愿意招收和使用从学校来的学生工。社会工多有社会阅历，个体意识强，不服从工厂管理，而且流动性很大；学生工缺乏社会阅历，比较听话，还有驻厂老师协助管理，大多能遵守纪律和管理规定。工厂更喜欢听话、踏实、遵守纪律的学生。相比大专学生，工厂还是

喜欢中专学生。中专学生，初中刚毕业没见过世面，没出过远门，相对来说比较温顺一些。大专学生，高中毕业后升入城市学校，见识多一些，比中专学生多一些傲气，个性强些，常常会顶撞管理者。比起男生，工厂更喜欢女生，女生不打架闹事，便于管理，韧性和忍耐力也比男生好些。不仅如此，中介公司更倾向于拓展中西部贫困地区的职业学校，而不是东南沿海的职业学校。中西部贫困地区职业学校的学生更能吃苦耐劳。

（三）工厂劳动强度大，学生多不适应，离职率较高

学生到了工厂，很多不适应高强度的工作，被迫加班加点，因此出现学生中途离职的情况。如该学校第三次的离职率达到34%。比起市里的学生，县城农村的学生更适应工厂，更能忍受高强度的劳动，流失率相对较低。相比县城而言，市里的职业学校，离职率更高一些，一般在50%左右。实习的学生很多还是未成年人，不像父辈那样愿意出去受苦。过高的离职率会影响工厂生产线的连续运转，也影响学校和工厂的合作关系，让学校和工厂都非常担心。

（四）工厂实习，让学生"成长"了一些

几个月到工厂劳动的实习，对学生真正的提升不是技能方面，而是心理"成长"了。很多学生说，在外面实习很辛苦，也终于体验到父母劳动的不容易，也知道感恩了。另外，很多学生说学到了很多东西，比如社交能力、独立能力，这些都是在学校学不到的。带队实习老师说，学生在外面明显感觉懂礼貌了，也比较懂事了，特别是男生，变化挺大，成熟了不少。这所职高的学生在工厂里打架的次数明显减少了，几乎没有打架的。甚至包括其他学校来工厂实习的学生打架都很少。所有带队老师普遍认为，来工厂后学生更听话一些。当然，这也和带队老师的教育有关。带队老师来之前就明确告诉学生，打架就是打钱，一打架工厂就扣500块钱，警察过来带到派出所就关几天。带队老师还教育学生，出来就是老乡，亲不亲、老乡亲，内部要相互团结、相互帮助。这一点学生做得很好，这一次实习，内部基本没发生什么大的矛盾。

（五）工厂实习，让原来对立的师生关系发生了改变

师生关系的改变，以及学生的成熟是学生实习中改变最明显的地方。在学校期间，老师说什么，学生都反对，师生极端敌对；在工厂实习期间，老师说什么，学生都听，师生亦师亦友。在学校里，学生血气方刚，容不下半点儿怨气，一点儿小事就打得头破血流，而在工厂里，视野开阔了，开始觉得"原来在学校打架太小儿科了"。学生来到这里，虚心听从老师的意见，慢慢成熟了。老师随时指点学生在厂里怎么和同事、组长处理关系，帮助学生要回非法克扣的工资，学生也心存感激。对于学生来讲，在工厂无依无靠，工作艰苦，有需要就只能找老师。老师也尽量为学生考虑，帮助学生，和学生一块同吃同住，师生关系也比在学校更融洽。带队老师说：

以前在学校里面，感觉学生和老师就是那种对立的关系，现在学生就把我当他们那个大哥、父母，对我们老师有一种依赖感。所以外面跟他说话他能听，但是学校里面，你跟他说了他跟你反着来。[1]

---

① L 老师访谈，LM201107013。

第七章

结　语

职业教育在西方现代社会发挥着重要作用,和西方成熟的工业体系有着良好的适应关系。一国能形成什么样的职业教育体制,和自身所处的制度环境、历史背景、经济结构有着紧密的关联。改革开放以来,尽管国家一直大力提倡职业教育,但它始终是教育体系中的薄弱环节,尤其是在职业教育中占主体的中等职业教育。本书通过对一个县级职业高中变迁的历史进行分析,试图深入理解我国乡村职业教育的发展困境,以期深入理解我国职业教育与乡村社会转型的关系。

H县职业高中是由1981年H县新建的"城关完中"(1982年改名为"城关高中")改办而来的,到2011年已经走过了30年的历程。这30年也正是改革开放以来我国经济社会发生深刻转型的时代。虽然这是一所位于山区的职业高中,却深深"嵌入"整个国家的经济社会和教育体系之中。这所职业高中既不以考试升学为重心,也不以技术培训为重心,反而以"安全管理"为重心,这一悖论事实凸显了当下我国乡村职业教育在招生、教学和就业上的困境。这所职业高中的奇特状况,并不仅仅是一个孤立的或特殊的个案,而是折射出我国职业教育和县域社会的系统性问题。这样的奇特状况,既与整个教育系统紧密相连,关联中小学基础教育,也牵涉到职业教育、高等教育问题,也与县域人口和经济社会的发展变化密切相关。

一、县域社会变迁中的职业高中

本书分析认为,在这30年里职业高中所处的县域教育体系、经济结构和地方社会发生了重要变化,共同形塑了目前这所职业高中的困境。

　　第一，从职业高中与县域教育体系的关系来看。在 20 世纪 80 年代，职业高中从一开始就是在普通高中的基础上改办的，一开始就与当地县城的重点高中处于"二元结构"的等级之中，在招生、经费和师资方面都处于弱势地位。尽管国家大力发展乡村职业教育，这所职业高中在 20 世纪 90 年代也成立中专部，开设灵活的职业类课程，但高中班的升学一直是学校紧抓不放的部分，职业教育并没实质性大规模地开展。在 21 世纪初，地方教育系统发生了深刻变化。农村中小学的合并，以及民办公助的办学形式，不仅打乱了中小学的教育秩序，而且瓦解了该县近 30 年的高中格局，职业高中的招生数量和质量都明显下降。进入 21 世纪后，这所职业高中在校生数量增加，高中班升学率降低，职业班培训流于形式，以及全国范围内对学校"安全教育"的强调，逐步使职业高中陷入以"安全管理"为核心的困境。

　　第二，从职业高中与县域经济结构的关系来看。在 20 世纪 80 年代，学校的职业定位是"面向农村"，走"农科教结合"的模式，当时虽有意适应当地农林经济的发展，但实际上并不能满足乡镇企业迅速发展对技术人才的需要。在 20 世纪 90 年代，当地乡镇企业逐渐衰落，农民大量外出务工，学校的职业定位转向"面向市场"的"订单合作"培养模式。学校虽然设置"职业中专"，根据用人单位需要培养人才，但因当地缺乏工业产业，市场定位模糊，以及师资和设备缺乏，很多职业课程并无实质性开展。在 21 世纪初，随着大量劳动力外出务工，以及我国劳动密集型的企业出现"用工荒"，在国家的推动下，学校的职业定位又转向了"校企合作"的"顶岗实习"模式。而很多 1990 年后出生的学生，很难适应工厂高强度的劳动，工厂的离职率以及学校的辍学率都较高。外部经济结构的变化，使学校的职业培养和实习就业难以与地方经济发展协调起来，也造成了学校职业教育未能有实质性的发展。

　　第三，从职业高中与县域社会的关系来看。父母大量外出务工，导致孩子的家庭教育缺失，留守儿童增多。这些学生从小缺乏关爱和监护，企业无法接纳，年龄还小，只能进入学校。在中高考的升学压力下，学校又不断地分流和分层，这些学生被层层筛选，被中考淘汰的学生最终进入职业高中。面对大量学习基础较差、行为习惯较差的学生，这所职业高中在升学无望、就业无路的处境下，就只能严格管理这些学生了。这样的严格管理是学校实际的工作重心，且已形成特色和校园风气，得到家长、企业和社会的认可。职业高中，遂成为教育和管理这些新生代农村流动人口，并维系县域社会秩序稳定的屏障。

可以看出，目前在社会转型期，职业高中与整个教育、社会和经济系统并没有形成很好的适应及协调关系。学生贪玩、打闹行为的出现，以及学校安全管理模式的形成，是有长期的制度结构和历史演变过程的，是很多系统性的因素共同变化生成的。这所职业高中的奇特状况，是中国社会转型时期形成的产物，并不能完全运用西方教育社会学的理论来解释，更不能把这些理论观点视为一种不变的事实。很多与西方社会形似的现象，实质上是完全不同的。

西方教育社会学的研究，大致认为现代教育在西方现代社会发展的不同阶段中发挥了三种作用：一是肩负工业社会分化中的"整合"任务，通过现代教育，培养公民道德和职业伦理，以达到在分化的职业中形成社会的整合。这是涂尔干开创的观点。二是肩负社会化以及分配、筛选的任务，将不同的学生按工作的标准筛选出来，以适应现代工业的分工体系。这是帕森斯的技术功能论的观点。三是发挥"再生产"的作用，复制并强化教育制度与经济结构的对应关系，再生产资本主义的生产关系和统治秩序。

第一，这所职业高中的状况，尽管也出现了"农二代"不能通过乡村职业学校实现阶层流动的事实，但并不能用"再生产理论"来完全解释。"再生产理论"，是基于西方发达的工业体系和成熟的教育体制基础提出的，而我国还处于社会转型期，经济体系不发达，教育体系也不完备，两者的关系也不像西方那样——对应，因此也没有形成"再生产"的教育制度。职高学校重视安全管理的奇特状况，恰恰是教育体系和经济体系之间的不协调而产生的。

第二，这所职业高中的学生，尽管学业基础较差，也出现抽烟、打架和玩网络游戏的不良行为，但并不能完全等同于"抵制理论"的"反学校文化"，不能认为他们是主动反抗、主动放弃学业而成为底层阶级的。首先，这些学生的内心是痛苦和无奈的，而不是偏激的。他们中有许多人知道父母的辛苦，也知道老师的用心，但实在学不进去，时常充满自责；其次，他们从小处于不公平和不公正的制度体系之下，城乡二元、户籍制、重点中学和非重点的学校划分，深深烙印在他们身上。他们是被动放弃学习机会的，而不是主动放弃的。

第三，这所职业高中形成的安全管理模式，尽管也实行封闭管理和全面控制，但不同于以分数提升为唯一目标的"县高模式"，也不是福柯所言的"纪律"模式。封闭管理和全面控制，只是"纪律"实施的条件，"纪律"的目标并不是压制，而是要最大程度增加人体的效能，是与分数、成绩和效率的提升紧密联系在一起的。"安全管理"，坚持的是"安全第一"的原则，关心的是"不出事"，而不是学习成绩的提升。安全是与"不出事"、与生命联系在一起的。这也是福柯所言的现代社会进入安全社会的概念。当然，福柯认为随着生命权力的诞生，并不意味着取代了之前的主权社会或纪律社会，而是恰恰可以使主权和纪律运转得更有效、更有力量。因此，在这所职业高中，我们既能看见高中班中分数至上的"纪律"运作，也能看见全校"安全第一"的管理模式，两者相互交织，从而使这所职高学校形成全方位、全过程的安全管理模式。

第四，这所职业高中实际的工作，除了强调安全和纪律，还强调行为习惯。如学校领导所言，目前进入职业教育的学生，学习基础差、行为习惯差，职业教育对学生的意义不在于技能培训，更不在于考试升学，更重要的价值和意义是行为习惯和品质道德的改变。这与涂尔干提出的以职业法团为基础的职业伦理来面对社会分工带来的"失范"完全不同。①

因此，我国的职业教育并没有像西方发达的工业社会那样与社会伦理、经济结构有良好的适应关系，也没有产生整合的社会伦理，没有形成与经济结构相适应的职业流动机制，也没有给学生提供另一条明显的流动上升渠道。这种"安全管理"的模式，也不能用西方教育社会学的"再生产""反学校文化""纪律"等抽象的概念来套用。职业高中这种办学的困境和奇特状况，是中国社会转型时期形成的产物，与我国转型时期乡村社会的变迁密切相关。

二、职业教育与乡村的人才循环

从教育社会学的角度来讨论学校教育与社会变迁的关系，一方面可分析外在的社会变迁如何影响学校内部的招生、教学和管理。另一方面可分析学校组织的内部运作又如何影响了外在的社会。本节主要分析了第一个问题，即职业高中所处的教育体系、外部的经济结构和所在的地方社会，在改革开放的30年里发生了怎样的变化，又如何共同形塑了目前这所职业高中的困境。接下来，本书还需讨论另一个问题，即作为学校组织的职业高中，对于乡村社会究竟应该发挥什么作用，以及实际发挥了什么作用。

20世纪上半叶，面对乡土社会在近代的崩溃，费孝通先生就指出要复兴乡土社会，最根本的还是基于乡土社会的特质，重建乡村和城市的有机循环。在经济方面，费孝通主张通过发展乡土工业架起都市和农村的经济桥梁；在教育和人才方面，费孝通认为当时的新式大学和新式中学，培养出来的人才都留在城里。乡土社会中的人才如何培养，如何才能回来，并

---

① ［法］涂尔干：《职业伦理与公民道德》，渠东、付德根译，上海人民出版社2006年版。

在乡村承担起改良农村和移风易俗的责任，是乡土重建的关键。费孝通从他的姐姐费达生在农村从事养蚕技术的推广事业中，看到了职业教育与乡土工业变革的联结关系，也看到了职业教育对乡土重建的重要意义。

费孝通先生关于乡村人才循环与乡土重建的思考，在当代乡村教育不断"上移"、乡村日益衰落的背景下，就显得更具有启发意义。在高考升学的竞争下，在一个县域社会内，普通教育形成了小学—中学—高中的等级序列，其中又进一步分为重点和非重点学校的"二元结构"。普通教育的目标是为城市和国家培养更高一级的人才，是"通向城市的阶梯"[①]，体现的是"国家的意志"[②]，与乡村几乎不发生关系。县城重点高中培养出来的人才，都到大中城市进入高等学校学习，毕业后几乎不返回乡村工作。与之相对应，县城的职业高中，一方面承担招收、教育和管理这些学习成绩较差学生的任务，另一方面承担培养乡村技能人才的重任。为乡村培养技能人才，一直是乡村职业教育非常重要而又非常薄弱的地方。

改革开放后，乡村经济繁荣发展，费孝通指出其中潜在的一个重要问题就是农村缺乏实用人才，人才问题落到实处就是一个教育问题。农村不是没有人才，而是出去上学了。所学的内容在农村用不上，农村没有适合的工作和职业，出去上学的也不愿回来。"所以，农村要留住人才，就一定要结合农村的实际，用适当的方式来培养人才。重要的途径之一就是发展乡村职业技术教育。"[③] 当然，乡村职业技术教育发展比城市面临的问题要多一些，困难要多一些，教什么、谁来教、怎么教这三个方面需要进行因地制宜、灵活多样的探索。

在20世纪八九十年代，在全国推广"农科教结合"的大潮中，这所

---

① 张玉林：《通向城市的阶梯：20世纪后期一个苏北村庄的教育志》，《南京大学学报（哲学，人文科学，社会科学版）》2004年第4期。.
② 李书磊：《村落中的国家：文化变迁中的乡村学校》，浙江人民出版社1999年版。
③ 费孝通：《从当地实际需要出发发展农村职业技术教育》，《教育与职业》1992年第2期。

职业高中探索把农业技能培训、科技推广和服务乡村经济结合起来，开设多种涉农课程，还在农村建立专业定点，跟踪指导毕业生回家脱贫致富。学生毕业回乡后，有的承包荒山、鱼塘，有的栽培花卉、种植葡萄，还有的养鸡、搞农产品加工，等等。尽管学校当时依然是以普通教育为主，以职业教育为辅，但这种面向当地农林经济，尝试把技能培训、科技服务和乡村人才培育相结合，对学校职业教育发展和当地乡村社会来说，是非常有益的。

此后，随着乡镇企业的衰落以及20世纪90年代农民大量外出务工，职业教育与当地经济社会的关系越来越疏远。学校的职业定位在20世纪90年代转向"面向市场"的"订单合作"培养模式，在21世纪初又转向"校企合作"的"顶岗实习"模式。而很多新生代的学生，很难适应工厂高强度的劳动，工厂的离职率以及学校的辍学率都较高。若能在职业学校接受良好的技能培训，并能在当地的企业工厂工作，就不会出现大量外出务工人员，也不会出现大量留守儿童，如果职业学校与当地的经济形成良好的适应关系，职业学生的命运也是不一样的。

当然，本书研究的一个不足之处，就是没有对比城市的职业学校或发达地区的职业学校，对这些职业学校与地方社会发展的关系未能进行深入分析。不过，在第四章，关于"顶岗实习"的活动分析中，本书提到中介劳务公司在拓展学校的时候，一般都会选择拓展中西部偏远地区的职业学校，这些地方相对来说，经济条件较差，学生更有忍耐力，更能忍受高强度的劳动。来工厂实习的职业学校，绝大多数都为中西部地区学校，几乎没有东南沿海的职业学校。东南沿海地区工厂企业多，当地的职业学校在当地实习，不会去其他省份。这些地方的职业学校教育与当地经济社会相对来说，会有较好的协调关系。

此外，本书在第一章就指出，职业高中多设在县级，面对的是广大农村，而技术学校和专科职业学校都设在城市，曾经深受计划经济影响，享受国家"统包统分"政策。当下，城市中的中等职业学院，以及更高学历的大专职业院校，在本科院校扩招和新兴民办院校的冲击下，目前的招收就业遇到很大困难，地位也是更边缘化，处境也更困难。本书对"顶岗实习"活动的分析指出，不仅是职业高中，很多省市的专科职业学校、技术学校等都到工厂实习，从事同样的机械劳动，与专业无关，且学生离职率比乡村职业院校更高。

由此来看，我国中等职业院校，不管是农村的还是城市的，不管是经济落后地区，还是经济发达地区，对地方社会发展主要发挥两个作用：一是吸纳中考成绩靠后的学生，分担高中阶段管理和升学的压力，以凸显重点高中的升学优势；二是为地方经济社会发展培养人才。城市地区和经济发达地区，相对来说还有第二、第三产业，企业工厂较多，中等职业教育培养的人才也有更多的就业选择。而乡村职业教育，面对广大农村地区，在第二、第三产业缺乏的情况下，人才培养、技能培训和服务地方社会发展，就显得更为薄弱了。

然而，面对乡村的衰落，面对县域重点高中不断培养回不来的乡村人才，在乡村振兴、乡土重建的背景下，重视乡村职业教育人才培养对乡村社会的意义，就显得更为重要。尽管困难重重，但正如费孝通先生所言：

我们发展职业教育，应该造就一大批勇于改革的职业教育家，把职业教育一行一行地发展起来。我姐姐根据她的经验认为，应该把学校真正变成推动改革事业的"发动机"。我们国家要发展，固然要多出几个杨振宁……我倒希望多出几个像郑辟疆那样的职业教育家，靠着他们，把职业教育顶着压力办起来，多为中国培养一批又一批，一代又一代的人才。[1]

---

[1]　费孝通：《要继承和发扬学以致用的传统》，《教育与职业》1985 年第 1 期。

参考文献

一、中文著作

1. 陈向明：《教师如何作质的研究》，教育科学出版社 2001 年版。

2. 陈向明：《质的研究方法与社会科学研究》，教育科学出版社 2000 年版。

3. 陈明明：《权力、责任与国家（复旦政治学评论）》（第 4 辑），上海人民出版社 2006 年版。

4. 费孝通：《乡土重建》，岳麓书社 2011 年版。

5. 国家教委职教司：《职业技术教育文件选编》，生活·读书·新知三联书店 1989 年版。

6. H 县地方史志编纂委员会：《H 县志 1986—2005》，中州古籍出版社 2012 年版。

7. H 县县志编纂委员会：《H 县县志（1985）》，Y 人民出版社 1990 年版。

8. 和震、刘云波、魏明等：《中国教育改革开放 40 年 职业教育卷》，北京师范大学出版社 2019 年版。

9. 胡晓风等：《陶行知教育文集》，四川教育出版社 2007 年版。

10. 刘广宇：《断裂的生活：打工子弟学校学生亚文化的形成——以北京一所打工子弟学校为例》，载陈向明主编，《质性研究 反思与评论（第 3 卷）》，重庆大学出版社 2013 年版。

11. 梁自存：《教做工：农民工第二代如何变成工人》，载郑也夫、沈原、潘绥铭编,《北大清华人大社会学硕士论文选编 2009》,社会科学文献出版社 2010 年版。

12. 李书磊:《村落中的国家:文化变迁中的乡村学校》,浙江人民出版社 1999 年版。

13. 刘云杉:《学校生活社会学》,南京师范大学出版社 2001 年版。

14. 钱民辉:《教育社会学:现代性的思考与建构》,北京大学出版社 2005 年版。

15. 钱民辉:《职业教育与社会发展研究》,黑龙江教育出版社 1999 年版。

16. 钱民辉:《教育社会学研究:学科·学理·学术》,社会科学文献出版社 2014 年版。

17. 渠敬东:《现代社会中的人性及教育:以涂尔干社会理论为视角》,上海三联书店 2006 年版。

18. 司洪昌:《嵌入村庄的学校——仁村教育的历史人类学探究》,教育科学出版社 2009 年版。

19. 孙立平:《断裂——20 世纪 90 年代以来的中国社会》,社会科学文献出版社 2003 年版。

20. 王清连、张社字:《职业教育社会学》,教育科学出版社 2008 年版。

21. 王星:《技能形成的社会建构——中国工厂师徒制变迁历程的社会学分析》,社会科学文献出版社 2014 年版。

22. 杨昌勇:《新教育社会学:连续与断裂的学术历程》,中国社会科学出版社 2004 年版。

23. 杨东平:《中国教育公平的理想与现实》,北京大学出版社 2006 年版。

24. 杨金土:《30 年重大变革——中国 1979—2008 年 职业教育要事概录》(上、下),教育科学出版社 2011 年版。

25. 杨金土:《90 年代中国教育改革大潮丛书——职业教育卷》,北京师范大学出版社 2002 年版。

26. 杨懋春:《一个中国村庄:山东台头》,张雄等译,江苏人民出版社 2001 年版。

27. 叶敬忠、潘璐:《中国农村留守人口之留守儿童:别样童年》,社会科学文献出版社 2014 年版。

28. 朱永新:《中国教育改革大系·职业教育卷》,湖北教育出版社 2016 年版。

二. 外文译著

1. [美] 奥沙利文:《公司治理百年——美国和德国公司治理演变》,黄一义等译,人民邮电出版社 2007 年版。

2. [美] 艾尔·巴比:《社会研究方法 第 11 版》,邱泽奇译,华夏出版社 2018 年版。

3. [美] 鲍里斯、季亭士:《资本主义美国的学校教育:教育改革与经济生活的矛盾》,李锦旭译,桂冠图书股份有限公司 1989 年版。

4. [丹麦] 曹诗弟:《文化县:从山东邹平的乡村学校看二十世纪的中国》,泥安儒译,山东大学出版社 2005 年版。

5. [美] 丹尼尔·贝尔:《资本主义文化矛盾》,赵一凡等译,生活·读书·新知三联书店 1989 年版。

6. [美] 加里·贝克尔:《人力资本理论——关于教育的理论和实证分析》,郭虹等译,中信出版社 2007 年版。

7. [美] 莫琳·T.哈里楠:《教育社会学手册》,傅松涛等译,华东师范大学出版社 2004 年版。

8. [法] 米歇尔·福柯:《规训与惩罚:监狱的诞生》,刘北成、杨远婴译,生活·读书·新知三联书店 2007 年版。

9. [法]P. 布尔迪厄、J.-C. 帕斯隆:《再生产——一种教育系统理论的要点》,邢克超译,商务印书馆 2002 年版。

10. [法] 涂尔干:《职业伦理与公民道德》,渠东、付德根译,上海人民出版社 2006 年版。

11. [英] 威廉·傅伊德、埃德蒙·金:《西方教育史》,任室祥、吴元训主译,人民教育出版社 1985 年版。

12. [英] 威利斯：《学做工：工人阶级子弟为何继承父业》，秘舒、凌旻华译，译林出版社 2013 年版。

13. [美] 西奥多·W. 舒尔茨：《论人力资本投资》，吴珠华等译，北京经济学院出版社 1990 年版。

14. [美] 珍妮·H. 巴兰坦等：《教育社会学：系统的分析 第 6 版》，熊耕等译，中国人民大学出版社 2011 年版。

三、中文文章

1. 常宝宁：《我国综合高中发展的现状、问题与对策研究》，《教育发展研究》2015 年第 2 期。

2. 陈向明：《行动研究对一线教师意味着什么》，《教育发展研究》2014 年第 4 期。

3. 狄金华：《县域发展与县域社会学的研究——社会学的田野研究单位选择及其转换》，《中国社会科学评价》2020 年第 1 期。

4. 狄金华：《中国农村田野研究单位的选择——兼论中国农村研究的分析范式》，《中国农村观察》2009 年第 6 期。

5. 费孝通：《从当地实际需要出发发展农村职业技术教育》，《教育与职业》1992 年第 2 期。

6. 费孝通：《要继承和发扬学以致用的传统》，《教育与职业》1985 年第 1 期。

7. 付敬萍：《应试教育县中模式的个案研究——以湖北省武穴中学为例》，华中师范大学 2015 年硕士学位论文。

8. 国务院：《关于大力发展职业教育的决定》，中国政府网，2008-03-28。

9. 劳动和社会保障部课题组：《关于民工短缺的调查报告》，《中国劳动保障报》2004 年 9 月 11 日。

10. 李倡平、孙中民：《试析弱势群体概念及相关研究的理论基础》，《当代教育论坛》2014 年第 5 期。

11. 李涛:《"县中模式"的囚徒困境及对策研究》,苏州大学 2008 年硕士学位
论文。

12. 刘云杉:《"悬浮的孤岛"及其突围——再认识中国乡村教育》,《苏州大学学
报（教育科学版）》2014 年第 1 期。

13. 刘云杉等:《精英的选拔:身份、地域与资本的视角——跨入北京大学的农
家子弟 (1978—2005)》,《清华大学教育研究》2009 年第 5 期。

14. 卢晖临、李雪:《如何走出个案——从个案研究到扩展个案研究》,《中国社
会科学》2007 年第 1 期。

15. "两岸三地"高校富士康调研组:《"两岸三地"高校富士康调研总报告》,网
易科技网，2010-10-09。

16. [法] 米歇尔·福柯:《安全、领土与人口:法兰西学院演讲系列:1977—
1978》,钱翰、陈晓径译,上海人民出版社 2010 年版。

17. [法] 米歇尔·福柯:《治理术》,赵晓力译,https://www.douban.com/group/
topic/6230678/，2018-11-13。

18. 潘璐、叶敬忠:《农村留守儿童研究综述》,《中国农业大学学报（社会科学
版）》2009 年第 2 期。

19. 潘毅、李长江、邓韵雪:《富士康扩张过程中的权力与资本:2012 年度"两
岸三地"高校富士康调研报告之一》,《中国工人》2012 年第 7 期。

20. 潘晨光等:《中国职业教育:发展与挑战——中国社会科学院的报告》,《职
业技术教育》2007 年第 21 期。

21. 潘晨光等:《中国职业技术教育的发展与挑战——基于全国 32 所职业院校的
调查》,《中国人口科学》2007 年第 2 期。

22. 齐燕:《"县中模式":农村高中教育的运作与形成机制》,《求索》2019 年第
6 期。

23. 饶静、叶敬忠等:《失去乡村的中国教育和失去教育的中国乡村——一个华

北山区村落的个案观察》，《中国农业大学学报（社会科学版）》2015 年第 2 期。

24. 任焰、潘毅：《跨国劳动过程的空间政治：全球化时代的宿舍劳动体制》，《社会学研究》2006 年第 4 期。

25. 王春光：《对作为基层社会的县域社会的社会学思考》，《北京工业大学学报（社会科学版）》2016 年第 1 期。

26. 王春光：《县域社会学研究的学科价值和现实意义》，《中国社会科学评价》2020 年第 1 期。

27. 王春光：《新生代农村流动人口的社会认同与城乡融合的关系》，《社会学研究》2001 年第 3 期。

28. 王铭铭：《教育空间的现代性与民间观念——闽台三村初等教育的历史轨迹》，《社会学研究》1999 年第 6 期。

29. 肖瑛：《非历史无创新——中国社会学研究的历史转向》，《学术月刊》2016 年第 9 期。

30. 熊春文、史晓晰、王毅：《"义"的双重体验——农民工子弟的群体文化及其社会意义》，《北京大学教育评论》2013 年第 1 期。

31. 熊春文：《"文字上移"：20 世纪 90 年代末以来中国乡村教育的新趋向》，《社会学研究》2009 年第 5 期。

32. 熊春文等：《"混日子"：对农民工子弟就学文化的一种理解》，《南京工业大学学报（社会科学版）》2014 年第 2 期。

33. 熊易寒：《底层、学校与阶级再生产》，《开放时代》2010 年第 1 期。

34. 杨天平、江松贵：《我国综合高中发展中的四个"不综合"问题举要》，《上海教育科研》2005 年第 5 期。

35. 应星：《"田野工作的想象力"：在科学与艺术之间——以〈大河移民上访的故事〉为例》，《社会》2018 年第 1 期。

36. 张玉林：《分级办学制度下的教育资源分配与城乡教育差距——关于教育机会均等问题的政治经济学探讨》，《中国农村观察》2003 年第 1 期。

37. 张玉林：《通向城市的阶梯：20 世纪后期一个苏北村庄的教育志》，《南京大学学报（哲学，人文科学，社会社学版）》2004 年第 4 期。

38. 中华人民共和国教育部：《关于应对企业技工荒，进一步做好中等职业学校学生实习工作的通知》，中华人民共和国教育部网站，2010-03-10。

39. 周飞舟：《谁为农村教育买单？——税费改革和"以县为主"的教育体制改革》，《北京大学教育评论》2004 年第 3 期。

40. 周潇：《从学校到工厂：中等职业教育与农二代的社会流动》，《青年研究》2015 年第 5 期。

41. 周潇：《反学校文化与阶级再生产："小子"与"子弟"之比较》，《社会》2011 年第 5 期。

42. 中华人民共和国教育部、国家劳动总局：《关于中等教育结构改革的报告》，人民网（法律法规库），1980-10-07。

43. 中华人民共和国教育部：《关于职业院校试行工学结合、半工半读的意见》，中华人民共和国教育部网站，2006-03-30。

44. 曾凤琴、庞学光：《综合高中：一个备受争议的实践性论题——我国学者的相关研究述评》，《中国职业技术教育》2020 年第 36 期。

四、英文文献

1. David Tyack et al., "Public Education as Nation-Building in America: Enrdlments and Bureaucratization in the American States, 1879-1930", *American Journal of Sociology*, 1979, 85(3).

2. Giroux, H.A., "Theories of Reproduction and Resistance in the New Sociology of Education:A Critical Analysis", *Harvard Educational Review*,1983, 53(3).

3. John Boli-Bemett et al., "The World Educational Revolution", *Sociology of Education*, 1977, 50(4).

4. Meyer, J.W., "The Effects of Education as an Institution", *American Journal*

of Sociology, 1977, 83(1).

5. Neil J.Smelser and Richard Swedberg, "The handbook of Economic Sociology", Princeton University Press, 2005.

6. Paul Willis, "Learning to Labor: How Working Class Kids Get Working Class Jobs", Columbia University Press, 1981.

7. Randall Collins, "Functional and Conflict Theories of Educational Stratification", *American Sociological Review*, 1971, 36(6).

8. Talcott Parsons, "The School Class as a Social System: Some of Its Functions in American society", *Harvard Educational Review*, 1959, 29.

后 记

　　本书是在 10 年前的硕士学位论文基础上修改完成的。此次修改，重写了导论和结论部分，扩充了一些内容，调整了部分章节的顺序，修改和润色了一些文字，核对了文献来源，主要的思路、材料、方法和观点并未有太大变化。

　　10 年前，因为支教的经历，我选择了以乡村职业教育作为研究的主题。如同很多社会学的研究一样，我也长时间陷入了理论分析与经验事实的张力之中。从最初深陷"想当然"的支教经验，到生搬硬套教育社会学的理论概念，再返回到丰富的事实经验，到最后结合理论并进行深刻的反思，我在理论分析和现实经验之间不断循环往复。每一次穿梭和游离，都会让我破除一些对经验与理论认识上的偏见和执念。

　　这项关于乡村职业教育研究的学术著作，是将这所职业高中的困境置于改革开放以来地方经济结构、教育体系和社会发展的历史变迁中来分析的。这样的分析思路，至少让我化解了一些理论概念与经验事实两者之间的紧张关系，也使我避免走入套用理论概念和盲目相信直觉经验的误区。这要感谢应星、方慧容两位老师在课上课下的指导，也得益于两位老师在中国政法大学研究生院开设的"当代中国社会专题"和"历史社会学与革命史研究"两门课程的熏陶和启发。两位老师关于历史社会学的研究，也促使我从历史的视野理解当下中国社会发展的时代变迁。

此后，虽然我的研究兴趣跟随导师转向革命史，但我依然保持对乡村教育与职业教育问题的关注和思考。而如今，普通教育日益"分数化""内卷化"，大力发展职业教育的呼声再次高涨。日前，教育部发出通知，要求今年中等职业学校招生工作坚持职普比例一致，很多地方就此开始了普通高中与职业高中按同等比例进行分流的改革。发展职业教育、重视职业高中，出发点是好的，但仅仅采用"一刀切"的方式，按分数分流的原则来推进，最后很可能事与愿违。如本书中所指出的，职业高中这种学校类型，在 20 世纪 80 年代初办时就处于职业教育体系和地方经济社会发展的边缘位置。尤其是立足广大农村地区的职业高中，在产业经济不发达、招生处于不公平的处境下，学校的教学管理和学生的升学就业往往会遇到很大困境。

书稿完成之后期待读者的批评指正，同时也要感谢各位师友给予我的帮助。如果没有他们的帮助和支持，我无法完成这项研究成果，更不可能走上学术研究这条道路，也就不会有这部书稿的修改完善和出版问世。

首先我要深深地感谢我的硕博论文指导老师应星教授。应老师很早就提醒我，注意从乡村教育来理解乡村社会的发展变化，也引导我拓展历史社会学的研究视野，更重要的是，这 10 多年来手把手耐心地教我读经典、做论文、写文章。应老师不厌其烦、尽心尽力的教导，使我从懵懂中走入社会学的天地，并逐步走上学术研究的道路。如今我也成为一名高校教师，面对校园内外的种种困惑，我切身体会到应老师为人、为学与为师的境界和力量。

我还要感谢刘云杉教授、熊春文教授，他们不仅是我的论文的答辩导师，对论文以及书稿都提出了宝贵的修改意见，而且在此后的学习和工作中给予了我诸多的指导和帮助。我是反复阅读两位老师对中国教育研究的文章，才形成了对乡村教育问题的深刻认识。还要感谢刘爱玉教授、渠敬东教授、周飞舟教授对我工作和生活的关心与帮助。三位老师学养深厚，又对学生关怀备至，他们是我在学术研究道路上不断前行的重要精神力量。我还要感谢白中林、孟庆延、吴长青等师友曾经对文稿的批评以及一直以来的支持、鼓励和帮助。

我也要感谢研究出版社的丁波副总编辑和编辑团队对本书出版给予的支持。我也非常感谢中国农业大学人文与发展学院青年教师科研启动经费对本书出版的支持。关注社会中的普通人，是学院倡导的一个重要理念。希望我的研究能够"看见他们，走进他们，讲述他们"，为践行这一理念尽一份绵薄之力。

我要真诚地感谢支教一年里给予我帮助的职高师生和朋友们。没有他们的帮助，我的工作不会顺利开展，我也不会有机会深入体验学校的教学和管理。他们在种种不利的处境下，日复 日年复 年地付出和坚守，是极其不容易的。支教的日子已经过去 10 多年，但很多场景和很多师生我依然清晰记得。考虑到研究规范，恕我不能一一提及他们，但他们的帮助，我铭记于心！

最后，还要感谢家人一直以来的支持、付出和陪伴。书稿修改时，幼子正在蹒跚学步，虽然跌跌撞撞，但总令人欣喜，也令人充满希望。